Josca Ailine Baroukh
Maria Cristina Carapeto Lavrador Alves
Dalila Maria Pereira Lemos

Blucher
INFANTIL ILUSTRADO

Dicionário Visual
da Língua Portuguesa

Blucher

Blucher Infantil Ilustrado
Copyright © **2011** *by* Blucher
Editora Edgard Blücher Ltda.

Edgard Blücher	*Publisher*
Eduardo Blücher	*Editor*
Fernando Alves	*Editor de desenvolvimento*
Lara Vollmer	*Design, miolo e capa*

Blucher

Editora Edgard Blücher Ltda.

Rua Pedroso Alvarenga, 1245, 4º andar
04531-012 – São Paulo – SP – Brasil
Tel 55 11 3078-5366
editora@blucher.com.br
www.blucher.com.br

Segundo Novo Acordo Ortográfico, conforme 5. ed.
do Vocabulário Ortográfico da Língua Portuguesa,
Academia Brasileira de Letras, março de 2009.

É proibida a reprodução total ou parcial
por quaisquer meios, sem autorização
escrita da Editora.

Todos os direitos reservados pela
Editora Edgard Blücher Ltda.

– FICHA CATALOGRÁFICA –

BAROUKH, Josca Ailine
Blucher infantil ilustrado dicionário visual da língua portuguesa /
Josca Ailine Baroukh, Maria Cristina Carapeto Lavrador Alves,
Dalila Maria Pereira Lemos. – São Paulo: Blucher, 2011.

ISBN 978-85-212-0599-9

1. Dicionários ilustrados 2. Literatura Infantojuvenil I. Alves, Maria
Cristina Carapeto Lavrador. II. Lemos, Dalila Maria Pereira. III. Título.

11-02854	CDD-030.833

Índices para catálogo sistemático:
1. Dicionários ilustrados para crianças   030.833

Sumário

Proposta lexicográfica — 5

Guia de uso — 8

A a Z — 12

Apêndices — 124

Créditos — 140

Referências — 143

As Autoras

Josca Ailine Baroukh

Educadora, é psicóloga pelo Instituto de Psicologia da Universidade de São Paulo. Trabalha atualmente como formadora de gestores e professores da Educação Infantil e dos primeiros anos do Ensino Fundamental das redes pública e particular em São Paulo, SP.

Maria Cristina Carapeto Lavrador Alves

Pedagoga, é Mestre em Linguística Aplicada pela Pontifícia Universidade Católica de São Paulo. Trabalha atualmente como coordenadora pedagógica e professora de Educação Infantil e do Ensino Fundamental das redes pública e particular em São Paulo, SP.

Dalila Maria Pereira Lemos

Lexicógrafa, é Doutora em Linguística e Semiótica pela Faculdade de Filosofia, Letras e Ciências Humanas da Universidade de São Paulo; atua no ensino superior como docente em cursos de graduação e de pós-graduação em São Paulo, SP.

Proposta lexicográfica

O que eu vi, sempre, é que toda ação principia mesmo é por uma palavra pensada. Palavra pegante, dada ou guardada, que vai rompendo rumo.

Guimarães Rosa

Cara Educadora, caro Educador,

Este dicionário foi preparado para o estudante em fase inicial de alfabetização, particularmente do 1º ano do ensino fundamental.

O maravilhoso mundo das palavras, no qual a criança vive desde o momento de seu nascimento, transforma-se paulatinamente em símbolos que são um misto de concreto e de abstrato. Concreto porque ela passa a ver tudo aquilo que diz e ouve representado por sinais gráficos – o alfabeto. Abstrato porque não há uma relação estável e verdadeira entre a representação gráfica e o ser denominado, já que essas denominações são convencionais – partes de um acordo que os falantes de uma dada comunidade linguística fizeram ao nomear seu universo sociocultural.

Linguagem e representação

Toda linguagem é uma forma de representação e a criança lida com a aquisição de linguagens e com o uso de instrumentos criados pela humanidade em contato e a partir da interação com eles. Sua interação no mundo abre infinitas oportunidades para a ampliação da capacidade comunicativa. Por meio de interações com pessoas e objetos da cultura em que está imersa, a criança passa a construir conhecimentos sobre si, os outros e o mundo que a rodeia.

O homem atua sobre o mundo construindo instrumentos ou transformando a natureza. Esses instrumentos são de dois tipos: os concretos, como carros, óculos, pás, baldes, enxadas; e os psicológicos, dentre os quais se situa a capacidade de representação. E, desde cedo, a criança observa, investiga, pergunta e elabora respostas pessoais acerca dos acontecimentos a sua volta, usando várias possibilidades comunicativas, em especial, a linguagem verbal, em suas formas oral e escrita.

No atual momento histórico, com o acesso cada vez mais democratizado às mídias em suas mais variadas formas, as palavras têm provocado uma atração muito forte, independentemente de sua origem. A linguagem escrita envolve símbolos de segunda ordem, pois

é a representação da linguagem oral — por si, uma forma de representação. A interação com outros membros mais experientes da cultura possibilitará à criança entender como a linguagem escrita se organiza. A aquisição progressiva dessa linguagem até seu domínio inclui fluência e compreensão leitora e escritora e fará grande diferença na maneira como a criança enfrentará seus desafios. É importante que o professor organize e estimule perguntas e pesquisas, para que a criança possa descobrir e criar soluções onde encontrar informações.

Variações linguísticas

A variação quanto ao modo como cada povo denomina os seres depende de sua relação de afeto e de utilidade com o ser nomeado. Como exemplo bem simples dessa variação, imagine o efeito que teria a denominação *garfo* em uma sociedade que se alimenta com as mãos desde sempre. Ainda que lhe fosse apresentado também o objeto, e não apenas a palavra, e que se explicasse a finalidade, seria algo estranho em seu universo linguístico, porque também assim o é em sua sociedade.

Constituição dos verbetes, critério de seleção vocabular e de campos temáticos

Na elaboração deste dicionário de 1.000 palavras e 1.087 imagens, foram escolhidos grandes campos temáticos. O primeiro critério para tal escolha foi a passagem da criança do âmbito privado, familiar, ao âmbito público, considerando a grande diversidade humana. Essa passagem, em geral, ocorre com a entrada da criança na escola e implica o conhecimento de novas regras e maneiras de se comunicar e uma ampliação de seu universo cultural.

As experiências de aprendizagem relacionadas ao âmbito privado estão elencadas em verbetes dos seguintes campos temáticos: corpo humano, ciclo de vida, alimentação, higiene e saúde, sentidos, sentimentos e família. Paralelamente, tudo o que se relaciona ao espaço público aparece em verbetes referentes a: ambiente escolar, mundo do trabalho, esportes, artes, cultura, meios de comunicação e de transporte, grandezas e medidas e elementos da natureza e da paisagem. Gêneros textuais orais e escritos, característicos da fase inicial de alfabetização, também foram contemplados.

Foram selecionadas palavras de domínio público, desvinculando-as de sua região de uso e, propositalmente, deixando de lado termos específicos de uma única região do Brasil e abordando um léxico mais geral. As palavras escolhidas independem da complexidade de sua escrita, pois foram privilegiados usos e significados mais correntes, ao invés da constituição por sílabas canônicas.

Seu conteúdo é totalmente adequado às regras do Acordo Ortográfico da Língua Portuguesa, consubstanciadas no Vocabulário Oficial da Língua Portuguesa (VOLP) em sua mais recente edição (2009).

Apresentação gráfica

A apresentação gráfica dos verbetes é feita em letra de imprensa maiúscula, com separação silábica em letra de imprensa minúscula e ênfase na sílaba tônica, marcada em negrito. Utiliza-se a fonte Frutiger (14 pontos nos verbetes e 11,5 pontos nas descrições e exemplos), bastante amigável à leitura. A seguir, vem a definição do significado, elaborada cuidadosamente e exemplificada, com frases diretas e claras, respeitando a capacidade intelectiva do leitor. No caso de haver mais de um

significado para o verbete, foi acrescentada numeração correspondente a cada um e frases de exemplos correspondentes.

Para a entrada de verbete que é um verbo, foi usada a forma do infinitivo, embora se tenha optado por exemplos em que o uso de uma forma verbal flexionada contribui para que a criança perceba as relações estabelecidas entre o termo dicionarizado e seus usos em diferentes contextos.

O mesmo critério foi usado para exemplos de substantivos ou adjetivos. O verbete aparece no masculino singular – considerado como termo não marcado, neutro, para fins de entrada em dicionário – e foi utilizado em outras formas (flexões de gênero, número ou grau) nos exemplos, permitindo conhecer variações de uso disponíveis na língua para o mesmo verbete.

A ilustração de cada verbete está adequada a cada significação e é um diferencial desta publicação. Os leitores poderão tanto descobrir o significado por meio de definições, quanto descobrir os verbetes por meio das ilustrações. Esses diferentes recursos refletem o cuidado pedagógico e visam sempre oferecer ao aprendiz um acesso adequado ao mundo das palavras.

Quanto à apresentação das letras iniciais de cada série de verbetes, optou-se por colocar à disposição do leitor, nas aberturas, as quatro formas possíveis de grafá-las, com as opções de letras maiúscula cursiva e de imprensa, seguidas de letras minúsculas cursiva e de imprensa também, para que a criança comece a associar sua escrita com as disponibilidades que a língua portuguesa lhe oferece.

Como usar este dicionário

Como a criança do 1º ano está se aproximando do registro das primeiras palavras por meio do uso da escrita em contextos sociais, cabe ao professor considerar a linguagem oral como ponto de referência, pois, na construção da escrita, é importante para a criança perceber que esta representa a fala.

Diálogos e conversas como atividades permanentes favorecerão a apropriação da linguagem oral e sua transposição para a escrita. A leitura em voz alta pelo professor é outra atividade diária fundamental, cuja função é promover o contato das crianças com a permanência das palavras escritas – um texto é sempre lido com as mesmas palavras – e com a diversidade de gêneros textuais escritos (contos de fada ou modernos, poemas, parlendas, trava-línguas, adivinhas etc.), que enriquecem também seu vocabulário e sua compreensão de como se organizam os diferentes gêneros textuais, orais e escritos.

Nessa fase de aprendizagem, a apresentação de um portador de textos com os significados das palavras para consulta e associação com a ilustração com o verbete será de grande ajuda. O professor pode lançar mão desse recurso de maneira dinâmica, em permanente diálogo com seu grupo de alunos, para suscitar o interesse pela pesquisa no dicionário e a leitura em voz alta, compartilhando situações de uso e registros necessários e comuns entre os usuários da linguagem escrita.

Com este dicionário, esperamos colocar em suas mãos, Educador, um material didático capaz de se tornar seu melhor auxiliar nas aulas de Língua Portuguesa, para que você possa ajudar seu aluno a ultrapassar a mera decodificação rumo à compreensão leitora, contribuindo para que ele se torne um cidadão letrado.

Agradecemos sua escolha!

As autoras

Guia de uso

Veja como é fácil usar este dicionário e aprender muito!

As imagens grandes e bonitas colaboram para que você entenda o significado das palavras.

No dicionário, cada letra tem uma cor, para ajudar você a encontrar as palavras.

A linguagem é fácil, clara e explicativa.

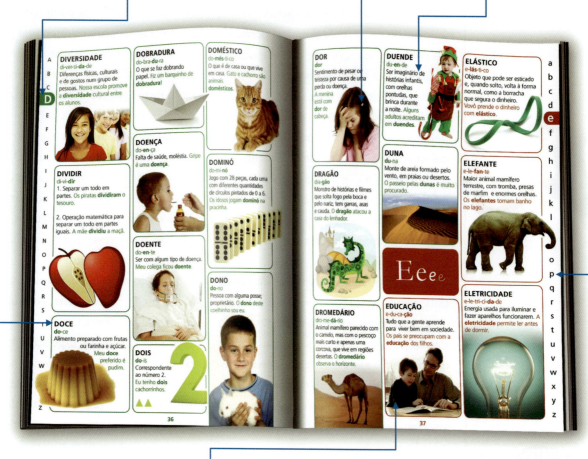

O dicionário tem 1.000 verbetes e mais de 1.000 imagens.

Para você aprender as várias formas do alfabeto, o dicionário tem letras minúsculas e maiúsculas nas margens das páginas.

Muitas imagens mostram situações reais, parecidas com o que você vê e vive em casa e na escola.

ABRAÇAR
a-bra-**çar**
Envolver alguém ou algo com os braços; forma de cumprimentar entre pessoas que se gostam. A menina **abraçou** seu amigo.

- Uma linha em torno dos verbetes os separa.
- Os exemplos estão em cor diferente do significado e a palavra aparece em destaque.
- Os exemplos e as imagens combinam para ajudar você a aprender.

BATERIA
ba-te-**ri**-a

1. Peça que fornece energia elétrica para o funcionamento de aparelhos, como brinquedos, celulares e relógios. A **bateria** da lanterna acabou.

2. Conjunto de instrumentos musicais de percussão, formado por tambores e pratos de vários tipos. Meu amigo toca **bateria** numa banda.

- A palavra aparece em letra de imprensa maiúscula e tamanho maior.
- Quando um verbete tem mais de um significado, eles são indicados por um número.
- A separação silábica aparece em cor diferente e a sílaba mais forte foi colocada em destaque.
- O significado é escrito de forma clara e direta na cor preta.

Apêndices temáticos

BRASIL

Conheça o Brasil por meio de seu mapa, hino e símbolos nacionais.

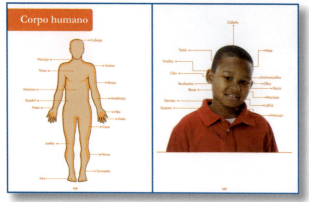

CORPO HUMANO

Veja as partes do corpo humano e conheça seus nomes.

ALIMENTAÇÃO

Alimentar-se bem também é parte de uma vida saudável. Veja alguns alimentos que ajudam no seu crescimento.

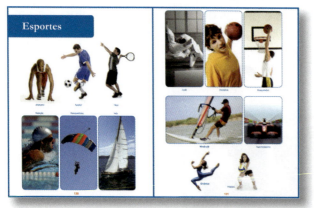

ESPORTES

Praticar esportes é muito bom para a saúde. Quantos destes você conhece?

TRANSPORTES

Além de andar a pé, as pessoas se deslocam usando diferentes veículos, os meios de transporte que você vê aqui.

ANIMAIS

Os animais podem ser vertebrados ou invertebrados. Veja algumas classificações.

GRANDEZAS E MEDIDAS

Horas, dias, meses, estações, números: tudo isso você encontrará neste apêndice.

OPOSTOS

Alto e *baixo* são exemplos de opostos. Conheça outros opostos presentes no dicionário.

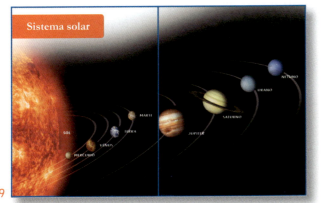

SISTEMA SOLAR

O planeta Terra tem muitos vizinhos no espaço. Conheça alguns deles.

A a a a

ABACATE
a-ba-**ca**-te
Fruto do abacateiro, com casca fina e verde, tem um grande caroço; pode ser comido puro, misturado com açúcar e limão ou leite. Mamãe cortou o **abacate**.

ABACAXI
a-ba-ca-**xi**
Fruto do abacaxizeiro, com casca grossa, espinhenta e uma coroa de folhas. Saboroso e suculento, bebemos seu suco e comemos a fruta como sobremesa ou em saladas. O **abacaxi** estava muito doce.

ABAIXO
a-**bai**-xo
Posição inferior em relação a um ser. O submarino está **abaixo** da superfície da água.

ABDOME
ab-**do**-me
Parte do corpo humano entre o peito (fim das costelas) e a cintura. No abdome, ou barriga, se encontram órgãos muito importantes para a vida, como estômago, intestinos e fígado. A bola bateu no **abdome** do goleiro.

ABELHA
a-**be**-lha
Inseto que fabrica mel e vive em sociedade organizada em uma colmeia. As **abelhas** voltaram à colmeia.

ABÓBORA
a-**bó**-bo-ra
Fruto da aboboreira com muitas vitaminas, utilizado em pratos doces e salgados; também conhecida como jerimum. A **abóbora** tem muitas sementes.

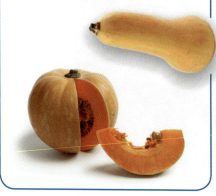

ABOBRINHA
a-bo-**bri**-nha
Legume usado em saladas ou pratos quentes. A menina gosta muito de salada de **abobrinha**.

ABRAÇAR
a-bra-**çar**
Envolver alguém ou algo com os braços; forma de cumprimentar entre pessoas que se gostam. A menina **abraçou** seu amigo.

ABRIDOR
a-bri-**dor**
Instrumento utilizado para abrir latas ou garrafas. O garçom usou o **abridor** de garrafas.

ABRIL
a-**bril**
Quarto mês do ano, com 30 dias. No dia 19 de **abril**, é o Dia do Índio.

ACABAR
a-ca-**bar**
1. Indica o fim de algo; mesmo que terminar. A água **acabou**.

2. Ação de concluir algo. A menina **acabou** de fazer seu desenho.

ACEITAR
a-cei-**tar**
Concordar em fazer ou receber algo. A mãe **aceitou** o presente da filha.

ACENDER
a-cen-**der**
Iluminar ou pôr fogo em um lugar. O professor **acendeu** a vela.

ACIMA
a-**ci**-ma
Posição superior em relação a um ser. O barco está **acima** da superfície da água.

ACOLHER
a-co-**lher**
Receber bem pessoas ou ideias. A família **acolheu** os primos com muita alegria.

ACORDEÃO
a-cor-de-**ão**
Instrumento musical que funciona como um fole, responsável pelo som. É tocado por ambas as mãos. Também é conhecido por sanfona, gaita e harmônica. O baile ficou animado quando o **acordeão** tocou.

ACROBATA
a-cro-**ba**-ta
Pessoa que faz movimentos muito difíceis com o corpo, os quais exigem equilíbrio, agilidade e coragem, usando trapézio, corda, pinos ou pratos. Trapézio é um tipo de balanço pendurado na parte mais alta do circo. A **acrobata** se equilibrava sobre as amigas.

ACRÓSTICO
a-**crós**-ti-co
Verso em que as letras iniciais formam um nome na posição vertical. O aluno fez um **acróstico** especial.

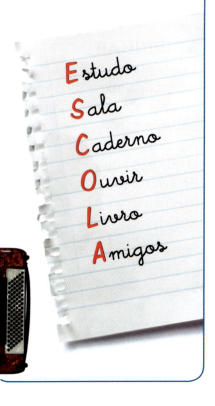

A

AÇÚCAR
a-**çú**-car
Substância doce, produzida a partir da cana-de-açúcar ou da beterraba. É preciso colocar **açúcar** na limonada.

ADICIONAR
a-di-ci-o-**nar**
Ato de somar, acrescentar ou juntar uma coisa à outra. As crianças aprenderam **adição**.

ADIVINHAR
a-di-vi-**nhar**
Descobrir alguma coisa por meio de pistas, como nas adivinhas.
Adivinhe:
O que é, o que é? Tem coroa mas não é rei?

(Resposta: abacaxi.)

ADOÇÃO
a-do-**ção**
Ato de criar e amar alguém como filho. A família conseguiu a **adoção** da criança.

ADULTO
a-**dul**-to
Pessoa que não é mais criança nem jovem, mas ainda não é idoso.
Os **adultos** trabalham para sustentar a família.

AEROPORTO
a-e-ro-**por**-to
Lugar onde pousam e decolam aviões. Há locais para as pessoas esperarem o embarque e o desembarque. Fomos ao **aeroporto** buscar minha prima.

AGASALHO
a-ga-**sa**-lho
Peça de roupa própria para ser usada em dias frios.
Todos os dias, a mãe dizia: "Não esqueça de levar o **agasalho**!"

AGENDA
a-**gen**-da
Caderno ou aparelho eletrônico onde anotamos os compromissos, endereços e números de telefone.
Anotei na **agenda** o horário da consulta com o dentista.

AGORA
a-**go**-ra
Momento em que você está; o mesmo que já ou imediatamente.
Vou para a piscina **agora**.

AGOSTO
a-**gos**-to
Oitavo mês do ano, tem 31 dias. Em 22 de **agosto**, comemoramos o dia do Folclore.

14

AGRADECER
a-gra-de-**cer**
Reconhecer algo que fizeram de bom.
A menina **agradeceu** o vestido dado por sua madrinha.

AGRICULTOR
a-gri-cul-**tor**
Pessoa que prepara, planta e colhe produtos da terra.
O **agricultor** colhe frutos.

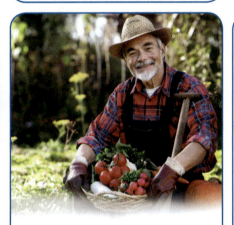

ÁGUA
á-gua
Líquido transparente, sem cor e sem gosto, fundamental para a vida dos seres vivos.
No calor, um copo de **água** fresca é uma delícia!

ÁGUA-VIVA
á-gua-**vi**-va
Animal marinho de corpo transparente e gelatinoso. Pode queimar a pele de quem a toca. O mar estava cheio de **águas-vivas** naquele dia.

AGULHA
a-**gu**-lha
Instrumento de metal bem fino, com um buraco numa das extreminades, onde se coloca a linha para costurar, e uma ponta fina do outro lado. A costureira precisa de **agulhas** de diferentes grossuras.

AIPIM
ai-**pim**
Raíz comestível muito usada no Brasil. Pode ser comida cozida, frita ou transformada em farinha. É também chamada de mandioca ou macaxeira. O agricultor colheu o **aipim**.

AJUDAR
a-ju-**dar**
Facilitar, contribuir ou fazer algo de bom para outra pessoa. A amiga **ajudou** na lição de casa.

ALEGRIA
a-le-**gri**-a
Sentimento de prazer ou satisfação. A chegada do aniversariante trouxe bastante **alegria** a todos.

ALFABETO
al-fa-**be**-to
Nome dado às 26 letras utilizadas para se escrever em língua portuguesa. Para ler e escrever, é preciso conhecer o **alfabeto**.

ALFACE
al-**fa**-ce
Verdura com folhagem comestível, muito apreciada em saladas. No almoço, comemos **alface** temperada com sal e limão.

ALIMENTAR
a-li-men-**tar**
Dar comida a outra pessoa ou animal. O garoto **alimentou**-se sozinho.

AMAMENTAR
a-ma-men-**tar**
Ato de dar leite com o peito a um bebê ou a um animal. A mãe **amamentou** seu filho.

ALGARISMO
al-ga-**ris**-mo
Nome dado aos dez sinais gráficos usados na escrita de todos os números. Já conheço os **algarismos**.

ALMOÇO
al-**mo**-ço
Refeição feita usualmente no meio do dia. No **almoço** de hoje, temos carne assada.

AMANHÃ
a-ma-**nhã**
Dia depois de hoje. Meu aniversário é **amanhã**.

ALHO
a-lho
Vegetal usado como tempero, com cheiro e gosto fortes. É composto por uma cabeça e, no seu interior, pequenas porções, chamadas dentes de alho. Que **alho** fresquinho!

ALTO
al-to
Qualidade de pessoa ou objeto com altura acima do comum. O homem era **alto** como um gigante!

AMARELINHA
a-ma-re-**li**-nha
Brincadeira infantil de pular em um pé só sobre o chão riscado com "casas". As crianças jogam **amarelinha** na calçada.

16

AMARELO
a-ma-**re**-lo
Cor do sol.
Há muitos tons de **amarelo**.

AMARGO
a-**mar**-go
Sabor diferente e desagradável para algumas pessoas.
Café, escarola e jiló são **amargos**.

AMBIENTE
am-bi-**en**-te
Conjunto que envolve pessoas e coisas em determinado local.
Um bom **ambiente** escolar promove a aprendizagem.

AMBULÂNCIA
am-bu-**lân**-cia
Automóvel que transporta doentes ou feridos em situação de emergência, oferecendo os primeiros socorros.
A **ambulância** liga a sirene no trânsito congestionado.

AMENDOIM
a-men-do-**im**
Semente da planta do mesmo nome, usada como alimento ou transformada em óleo.
O **amendoim** estava gostoso.

AMIGO
a-**mi**-go
Pessoa de quem gostamos e em quem confiamos.
Aquelas jovens são grandes **amigas**.

AMOR
a-**mor**
Sentimento de afeto ou ato de gostar muito de alguém ou de algo. A menina tem **amor** ao cachorrinho.

ANÃO
a-**não**
Pessoa de altura menor do que a da maioria dos adultos.
Tenho um amigo que é **anão**.

ANDAR
an-**dar**
Ato de caminhar de um lugar a outro. **Andar** faz bem à saúde.

ANDORINHA
an-do-**ri**-nha
Pequena ave de asas longas em forma de tesoura que sempre voa em bandos. A **andorinha** tomava água na fonte.

17

ANFÍBIO
an-**fí**-bio
Animal capaz de viver parte da vida na terra e outra na água.
O sapo e a rã são **anfíbios**.

ANO
ano
Período de tempo de doze meses seguidos. Meu irmão tem seis **anos**.

ANZOL
an-**zol**
Pequeno gancho de metal preso na ponta de uma linha de pesca, onde se põe a isca para fisgar o peixe. O pescador colocou a minhoca no **anzol**.

ANIMAL
a-ni-**mal**
Nome dado a todos os seres vivos, menos as plantas.
Peixes, répteis, aves, anfíbios e mamíferos são **animais**.

ANTA
an-ta
Animal mamífero com focinho comprido e largo, com pelo amarelado e cauda curta.
A **anta** mora na mata.

APAGAR
a-pa-**gar**
Desligar a luz ou acabar com o brilho ou com o fogo. Luz **apagada** economiza energia elétrica.

APAGADOR
a-pa-ga-**dor**
Objeto usado para apagar a lousa, feito com tecido ou espuma.
Os alunos usaram o **apagador** na lousa nova.

ANIVERSÁRIO
a-ni-ver-**sá**-rio
Dia em que se completa mais um ano de vida. Cantamos "Parabéns" no **aniversário** de meu primo.

ANÚNCIO
a-**nún**-cio
1. Modo de dar notícia ou aviso ao público. A diretoria fez o **anúncio** da chegada da nova professora.

2. Promover a venda de um produto. O **anúncio** da venda da bicicleta foi colado no poste.

APARELHO DE SURDEZ
a-pa-**re**-lho de sur-**dez**
Aparelho usado no ouvido por pessoas com dificuldade para ouvir. Às vezes, esqueço de desligar meu **aparelho de surdez**.

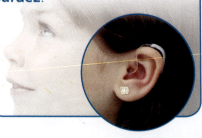

APARTAMENTO
a-par-ta-**men**-to
É cada uma das habitações de um prédio de residência coletiva. O **apartamento** é ensolarado.

APETITE
a-pe-**ti**-te
Vontade de comer. Que **apetite**!

APONTADOR
a-pon-ta-**dor**
Instrumento usado para apontar lápis, com uma lâmina afiada presa a um apoio plástico. O lápis foi apontado com o **apontador**.

APRENDER
a-pren-**der**
Adicionar novos conhecimentos ou habilidades ao que já se sabe. **Aprendemos** a cuidar do planeta Terra.

AQUÁRIO
a-**quá**-rio
Recipiente de vidro onde se pode criar peixes e outros animais aquáticos. Pus o peixinho no **aquário**.

AR
ar
O que respiramos e nos mantém vivos. Como **ar** puro é bom!

ARADO
a-**ra**-do
Instrumento usado no campo preparando a terra para o plantio. O trator puxa o **arado**.

ARANHA
a-**ra**-nha
Pequena criatura com oito patas finas. Faz teia capaz de prender seu alimento, os insetos. A **aranha** tem 8 patas e 2 presas.

ARARA
a-**ra**-ra
Ave de tamanho médio, com penas muito coloridas, cauda longa e bico curvo. A **arara** come sementes e frutas.

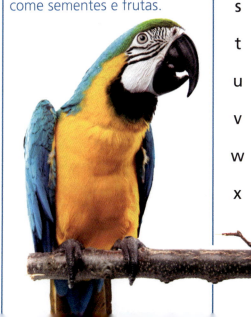

A

ARCO-ÍRIS
ar-co-**í**-ris
Grande arco colorido e luminoso que aparece no céu após a chuva. O **arco-íris** ficou no céu durante muitas horas.

ARDIDO
ar-**di**-do
Gosto forte, que parece queimar a boca; o mesmo que picante ou apimentado.
Ai! Que pimenta **ardida**!

AREIA
a-**rei**-a
Grãos finos, que se acumularam em praias, dunas, desertos e leitos de rios.
A **areia** desse deserto é fina e amarela!

ARGILA
ar-**gi**-la
Barro especial para fazer telhas, tijolos e esculturas, com máquinas ou com as mãos.
As crianças fizeram lindos potes com **argila**.

ARMÁRIO
ar-**má**-rio
Objeto com portas e gavetas para guardar roupas ou outras coisas. O **armário** do quarto estava vazio.

ARROZ
ar-**roz**
Pequenos grãos de cereal que podem ser cozidos. São parte importante de nossa alimentação. No Brasil, é hábito comer **arroz** e feijão no almoço.

ÁRVORE
ár-vo-re
Planta alta com tronco e galhos sempre crescendo; algumas têm folhas e dão flores e frutos. A **árvore** fazia sombra na casa.

ASSEIO
as-**sei**-o
Capacidade das pessoas de cuidarem de seu corpo e de suas coisas, mantendo tudo limpo e arrumado. Pessoas com **asseio** lavam as mãos antes de comer.

ASSOPRAR
as-**so**-prar
Soltar com força o ar pela boca, querendo apagar algo; o mesmo que soprar.
A garotinha **assoprou** o catavento.

ASTRONAUTA
as-tro-**nau**-ta
Pessoa treinada para ir ao espaço sideral em veículos espaciais; também chamado de cosmonauta.
O **astronauta** viu a Terra de lá do espaço sideral.

ATLETISMO
a-tle-**tis**-mo
Modalidade de esporte baseada na superação dos limites e na busca dos melhores resultados. Corrida, salto e arremesso são tipos de competições de **atletismo**.

ATOR
a-**tor**
Artista que representa o papel de outra pessoa e trabalha no cinema, na televisão, no circo ou no rádio.
Fui o **ator** principal da apresentação da escola.

ATRASAR
a-tra-**sar**
É quando chegamos a um lugar depois do horário combinado. Quando cheguei à escola, o sinal já havia batido.
Entrei **atrasada** na classe.

ATRAVESSAR
a-tra-ves-**sar**
Cruzar ou passar de um lado ao outro. **Atravessamos** a rua na faixa de pedestres.

AUDIÇÃO
au-di-**ção**
Sentir os sons pelos ouvidos. Som muito alto faz mal para a **audição**.

AUTOMÓVEL
au-to-**mó**-vel
Veículo motorizado, com rodas, que anda no chão; serve para transportar pessoas e pouca bagagem; o mesmo que carro. A estrada estava cheia de **automóveis**.

AUTOR
au-**tor**
Pessoa que escreve livros, histórias, poesias, músicas, novelas ou produz obras de outros tipos de arte. Gosto dos livros desse **autor**.

AVIÃO
a-vi-**ão**
Veículo que voa com motores e asas, levando pessoas e cargas. O **avião** voava sobre o mar.

a b c d e f g h i j k l m n o p q r s t u v x y z

AVISO
a-**vi**-so
Contar ou comunicar a alguém o que está acontecendo, aconteceu ou vai acontecer. O professor **avisou** a todos da leitura de amanhã.

Não esquecer o livro.

AVÔ
a-**vô**
Nome dado ao pai da mãe ou do pai de alguém; o feminino é avó. A menina gosta de seu **avô**.

AZEDO
a-**ze**-do
Qualidade de um alimento com sabor ácido, como o limão. A laranja estava **azeda**.

AZUL
a-**zul**
Cor do céu ou do mar em dia sem nuvens. Em dia de sol forte, o céu é **azul** claro.

Bb

BAIRRO
bair-ro
Cada uma das partes de uma cidade. A cidade tem 9 **bairros**.

BAIXO
bai-xo
Pessoa ou objeto de pouca altura. Um frasco é mais **baixo** que o outro.

BALANÇA
ba-**lan**-ça
Instrumento para pesar coisas ou pessoas Há vários tipos de **balança**.

BALANÇO
ba-**lan**-ço
Brinquedo feito com duas cordas ou correntes que sustentam um acento; balango. No parquinho tem **balanços**.

BALÃO
ba-**lão**
Objeto de material resistente, cheio de gás que o faz flutuar. Deram a volta ao mundo de **balão** em 80 dias.

BALEIA
ba-**lei**-a
Animal marinho mamífero, que respira fora da água. As **baleias** sobem para respirar e voltam a mergulhar.

Baleia Jubarte
Baleia Orca
Baleia Beluga

BAMBOLÊ
bam-bo-**lê**
Brinquedo em forma de aro, a ser girado no corpo sem cair. A menina gira o **bambolê** em todas as partes do corpo.

BANANA
ba-**na**-na
Fruto da bananeira, nasce em cachos e pode ser comida ao natural ou em pratos doces e salgados. A **banana** é um ótimo alimento.

BANDEIRA
ban-**dei**-ra
Símbolo usado para representar países, clubes, estados e cidades, que tem cores, tamanhos e formatos determinados. A **bandeira** brasileira tem as cores verde, amarela, azul e branca.

BANDIDO
ban-**di**-do
Pessoa que comete crimes. O **bandido** roubou o dinheiro do banco.

BANGUELA
ban-**gue**-la
Pessoa sem os dentes da frente; o mesmo que banguelo ou benguelo. A menina estava **banguela**.

BANHEIRO
ba-**nhei**-ro
Parte da casa ou de um lugar público, geralmente com vaso sanitário, pia, espelho e chuveiro. O **banheiro** estava limpo.

BANHO
ba-nho
Ato de lavar o corpo para se limpar ou refrescar. A criança toma **banho** de chuveiro.

BARATA
ba-**ra**-ta
Inseto marrom, de corpo achatado e antenas, que vive em todas as partes do mundo. A **barata** andou pela casa.

BARATO
ba-**ra**-to
Tudo o que é vendido ou comprado por pouco dinheiro em relação ao seu valor. O carrinho é **barato**.

a **b** c d e f g h i j k l m n o p q r s t u x y z

BARCO
bar-co
Meio de transporte por água feito de diferentes materiais.
O **barco** navega pelo mar.

BATERIA
ba-te-**ri**-a
1. Peça que fornece energia elétrica para o funcionamento de aparelhos, como brinquedos, celulares e relógios. A **bateria** da lanterna acabou.

2. Conjunto de instrumentos musicais de percussão, formado por tambores e pratos de vários tipos. Meu amigo toca **bateria** numa banda.

BEIJAR
bei-**jar**
Tocar com os lábios outro ser, como gesto de carinho.
Minha irmã **beijou** a vovó.

BASQUETEBOL
bas-que-te-**bol**
Esporte jogado com duas equipes de cinco jogadores. Marca ponto quem encesta a bola; ganha o jogo o time que fizer mais cestas; basquete; bola-ao-cesto.
Nos Jogos Olímpicos, há bons times de **basquetebol**.

BENGALA
ben-**ga**-la
Pedaço de madeira ou bastão usado como apoio para pessoas com dificuldades para andar. O jovem só conseguia andar com ajuda da **bengala**.

BEBÊ
be-**bê**
Ser humano entre o nascimento e um ano e meio de idade; o mesmo que nenê ou neném.
O **bebê** já se levanta.

BESOURO
be-**sou**-ro
Inseto voador de casca grossa, com diferentes tamanhos e cores. O cientista colecionava **besouros**.

BATATA
ba-**ta**-ta
Raiz meio arredondada, muito usada como alimento. Servida cozida, assada, amassada ou frita. No jantar, comemos **batatas** cozidas.

BEBEDOURO
be-be-**dou**-ro
Aparelho que fornece água para beber. Havia fila no **bebedouro** depois do recreio.

BETERRABA
be-ter-**ra**-ba
Raiz de cor roxa e sabor adocicado, usada como alimento. A salada de **beterraba** é muito gostosa.

BIBLIOTECA
bi-bli-o-**te**-ca
Sala ou armário onde se guardam livros, revistas e outros documentos ordenadamente, que podem ser consultados no local ou emprestados por um prazo. Retirei o livro na **biblioteca**.

BICICLETA
bi-ci-**cle**-ta
Veículo de duas rodas, com assento e movimentada por dois pedais. O menino foi de **bicicleta** até a sorveteria.

BILHETE
bi-**lhe**-te
Texto com poucas palavras para dar ou pedir uma informação por escrito. A mãe encontrou o **bilhete** na mesa.

BIOGRAFIA
bi-o-gra-**fi**-a
Texto que conta a vida de alguém. Li a **biografia** de Monteiro Lobato.

BISCOITO
bis-**coi**-to
Alimento feito com farinha, água ou leite, sal ou açúcar e assado em pequenos pedaços; o mesmo que bolacha. Na casa da vovó, tem sempre **biscoitos** fresquinhos.

BLUSA
blu-sa
Peça de roupa feminina usada da cintura para cima, diferente de camisa. Comprei uma **blusa** linda.

BOCA
bo-ca
Parte do rosto logo abaixo do nariz, composta de lábios, dentes e língua. Usada para comer e falar. O dentista pediu-me para abrir a **boca**.

BOIADEIRO
boi-a-**dei**-ro
Pessoa que cuida de vacas, bois e bezerros. O **boiadeiro** recolhe o gado.

BOI-BUMBÁ
boi-bum-**bá**
Festa popular brasileira, com pessoas fantasiadas para contar a história da morte e da volta do boi à vida; bumba--meu-boi. A família assistiu ao **boi-bumbá**.

BOITATÁ
boi-ta-**tá**
Lenda brasileira de uma cobra de fogo com grandes olhos, que vive na água e protege as florestas contra incêndios e queimadas. O agricultor correu ao ver o **boitatá**.

BOLO
bo-lo
Alimento assado, doce ou salgado, feito com farinha, manteiga, fermento e ovos. Seu **bolo** preferido era o de chocolate.

BORBOLETA
bor-bo-**le**-ta
Inseto de asas finas e coloridas, que se transforma a partir de uma lagarta. No parque, havia **borboletas** de diversas cores.

BOLA
bo-la
Objeto redondo feito de materiais diferentes, usado como brinquedo ou para esportes. Há vários tipos de **bola**.

BOMBEIRO
bom-**bei**-ro
Pessoa que combate incêndios e salva vidas em diversas situações de perigo. O **bombeiro** socorreu a criança.

BORRACHA
bor-**ra**-cha
1. Objeto usado para apagar o que se escreveu. Usei a **borracha** para apagar o texto.

2. Material elástico com o qual se fazem objetos, como bolas, pneus e solas de sapato. O pneu do carro é feito de **borracha**.

BOLICHE
bo-**li**-che
Jogo com dez pinos colocados a certa distância em uma pista, para serem derrubados com uma bola pesada. A turma jogou **boliche** ontem.

BONECA
bo-**ne**-ca
Brinquedo feito à semelhança de bebê, criança ou adulto. As crianças brincavam de **boneca**.

BOTO
bo-to
Animal mamífero parecido com o golfinho que vive nos rios. É comum ver **botos** no rio Amazonas.

BRAÇO
bra-ço
Nome comum dos membros superiores do corpo humano. Veja os músculos do meu **braço**!

BRAILE
brai-le
Sistema de escrita com pontos em relevo, que permite a deficientes visuais leitura e escrita por meio do tato. A prova para os cegos é feita em **braile**.

BRANCO
bran-co
Cor do leite. Os médicos usam roupa **branca**.

BRINCADEIRA
brin-ca-**dei**-ra
Ação de fazer gestos ou dizer coisas que provoquem prazer e diversão. A **brincadeira** escolhida pelas crianças foi construir com blocos.

BRINCO
brin-co
Enfeite preso na orelha. Os **brincos** podem ser de vários modelos e tamanhos.

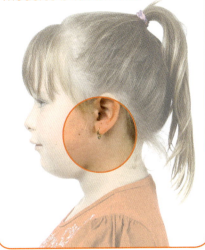

BRINQUEDO
brin-**que**-do
Objeto usado para brincar e proporcionar prazer. Qual é seu **brinquedo** preferido?

BROTAR
bro-**tar**
Ato de uma planta nascer a partir de semente ou muda. A planta **brotou** da terra.

BRUXA
bru-xa
Pessoa com poderes mágicos que os usa para o mal. O mesmo que feiticeira. A **bruxa** saiu voando em sua vassoura.

BUZINA
bu-**zi**-na
Aparelho que faz barulho alto, para chamar atenção. A bicicleta precisa ter **buzina**.

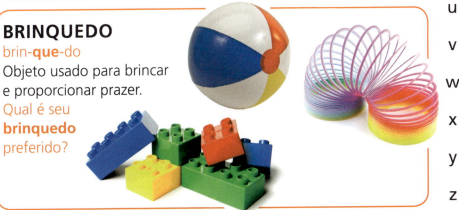

a
b
c
d
e
f
g
h
i
j
k
l
m
n
o
p
q
r
s
t
u
v
w
x
y
z

C

CAATINGA
ca-a-**tin**-ga
Região brasileira com plantas acostumadas a pouca água, com espinhos e folhas pequenas. Fazia muito calor na **caatinga**.

CABEÇA
ca-**be**-ça
Parte do corpo humano onde ficam o rosto, o cérebro e os órgãos da visão, audição, olfato e paladar. Olhos, ouvidos, nariz e boca ficam na **cabeça**.

CABELO
ca-**be**-lo
Pelos lisos, ondulados ou cacheados de diferentes cores, que crescem na parte de cima e atrás da cabeça. A menina penteia o **cabelo** depois do banho.

CABOCLO
ca-**bo**-clo
1. Ser da roça ou zona rural. O **caboclo** trabalha na roça.

2. Pessoa com parentes índios e brancos. O **caboclo** gostava de dançar.

CABRA
ca-bra
Fêmea do bode, mamífero com quatro patas. O leite da **cabra** é muito nutritivo.

CACAU
ca-**cau**
Fruto do cacaueiro, com casca amarela, polpa doce e muitas sementes, usadas no chocolate. Tomei suco de **cacau**.

CACHOEIRA
ca-cho-**ei**-ra
Lugar em que as águas do rio caem de um lugar alto para um bem mais baixo; queda d'água. A **cachoeira** brilhava ao sol.

CACHORRO
ca-**chor**-ro
Animal doméstico, mamífero de quatro patas que come carne; o mesmo que cão. Há uma diversidade de **cachorros**.

CACIQUE
ca-**ci**-que
Chefe de tribo indígena. O **cacique** é corajoso.

CAFÉ
ca-**fé**
1. Frutos do cafeeiro, pequenos grãos vermelhos e a bebida que se faz com esses frutos. **Café** é uma grande riqueza brasileira.

2. Refeição que fazemos ao acordarmos; conhecida como café da manhã. Como frutas no **café** da manhã.

CAJU
ca-**ju**
Fruto do cajueiro, formado por duas partes: a castanha de caju, que se come torrada; e uma parte que sai dela, vermelha, com muita polpa, usada para fazer doces e sucos. Todos gostam da castanha de **caju** torrada.

CALÇA
cal-ça
Peça de roupa que veste as pernas até a cintura. A **calça** da moça é azul.

CALÇADO
cal-**ça**-do
Peça usada para proteger os pés, feita de diferentes materiais. Sapatos, sandálias e tênis são **calçados**.

CALCANHAR
cal-ca-**nhar**
Parte de trás dos pés humanos. Nos calçados e nas meias, recebe o mesmo nome. A moça mostrou o **calcanhar**.

CALCULADORA
cal-cu-la-**do**-ra
Aparelho utilizado para fazer contas matemáticas (adição, subtração, divisão, multiplicação e outras). O engenheiro precisa de uma boa **calculadora**.

CALENDÁRIO
ca-len-**dá**-rio
Tabela com os dias das semanas e dos meses do ano; o mesmo que folhinha. O rapaz marcou o início das aulas no **calendário**.

CALOR
ca-**lor**
Sensação de quentura por causa de sol ou fogo; temperatura alta. No verão, sentimos **calor**.

CAMA
ca-ma
Móvel onde se coloca um colchão para dormir. A criança arrumou sua **cama**.

CAMALEÃO
ca-ma-le-**ão**
Lagarto que troca a cor da pele para se proteger. Olha o **camaleão**!

CAMARÃO
ca-ma-**rão**
Pequeno animal invertebrado marinho ou de água doce, usado como alimento. Comemos **camarão** frito no almoço.

CAMBALHOTA
cam-ba-**lho**-ta
Movimento de rolar o corpo a partir da cabeça e voltar à posição em que estava; cambota. Fizemos **cambalhotas** na escola.

CAMELO
ca-**me**-lo
Animal mamífero com duas corcovas nas costas, em que guarda reserva de alimento. É muito utilizado por povos do deserto para transportar cargas. O **camelo** se alimenta de vegetais.

CÂMERA
câ-me-ra
Aparelho usado para fotografar ou filmar. Fotografe a borboleta com a **câmera**!

CAMINHÃO
ca-mi-**nhão**
Veículo com motor e quatro rodas ou mais, usado para transporte de cargas. O **caminhão** estava cheio de combustível.

CAMISA
ca-**mi**-sa
Peça de roupa, fechada na frente com botões, que cobre do pescoço até o quadril, com gola e mangas curtas ou compridas. A **camisa** é xadrez.

CAMISETA
ca-mi-**se**-ta
Peça de roupa que cobre do pescoço até a cintura, sem gola, com mangas curtas, compridas ou sem manga. A **camiseta** do rapaz é cinza.

CAMPO
cam-po
1. Espaço sem árvores para plantação ou criação de animais. A fazenda tinha **campos** de soja.

2. Local preparado para esportes. Eles estão jogando futebol no **campo**.

CANA-DE-AÇÚCAR
ca-na-de-a-**çú**-car
Planta de folhas e tronco longos e finos. Seu suco pode ser bebido ou transformado em açúcar, álcool ou aguardente. Sua plantação é chamada canavial. Você sabia que suco de **cana-de-açúcar** também chama garapa?

30

CANÇÃO
can-**ção**
Música cantada. O músico acompanhava a **canção** com o violão.

CAPIVARA
ca-pi-**va**-ra
Animal mamífero com pelo marrom e dentes afiados, que vive em bandos, perto de rios e lagos. É o maior roedor do mundo. Vi **capivaras** andando perto do rio.

CANECA
ca-**ne**-ca
Copo alto com alça, chamada asa. A **caneca** era nova.

CANOA
ca-**no**-a
Pequeno barco movido a remo, com fundo redondo. O índio faz sua **canoa** com um único tronco de árvore.

CAPOEIRA
ca-po-**ei**-ra
Luta esportiva com música, de ataque e defesa com os pés. Foi trazida da África pelos escravos. Os jovens jogavam **capoeira** no parque.

CANGA
can-ga
Peça de madeira colocada no pescoço de dois bois que puxam arado ou carroça juntos. O agricultor colocou a **canga** nos bois.

CANTAR
can-**tar**
Produzir sons musicais com a voz. As crianças **cantam** muito.

CANHOTO
ca-**nho**-to
Pessoa com mais habilidade com a mão ou o pé esquerdo. Meu irmão é **canhoto**.

CAPACETE
ca-pa-**ce**-te
Proteção para a cabeça, feita com materiais resistentes. É importante usar **capacete** ao andar de bicicleta.

CARACOL
ca-ra-**col**
1. Molusco que vive na terra e tem duas antenas, uma concha em espiral nas costas e se arrasta muito devagar. Vi um **caracol** na grama.

2. Cachos de cabelos em espiral, encaracolados. O cabelo da vendedora tem **caracóis**.

CARAMBOLA
ca-ram-**bo**-la
Fruto amarelo da caramboleira, com gomos e suco ácido; quando cortada em fatias forma pequenas estrelas.
A **carambola** estava azeda.

CARANGUEJO
ca-ran-**gue**-jo
Animal invertebrado que vive na terra ou na água. Tem o corpo achatado, coberto por uma casca grossa e 10 patas.
Caranguejo é um alimento comum nas praias brasileiras.

CARDÁPIO
car-**dá**-pio
Lista de comidas e bebidas, que, em restaurantes, vem acompanhada dos preços.
Havia muitos pratos com peixes no **cardápio**.

CARGA
car-ga
O que é transportado de um lugar a outro.
O caminhão leva uma grande **carga**.

CÁRIE
cá-rie
Buraco dolorido no dente por falta de escovação. A dentista encontrou uma **cárie** na boca da menina.

CARINHO
ca-**ri**-nho
Gesto de amor e bem querer para outra pessoa ou animal.
Abraço é um **carinho**.

CARNAVAL
car-na-**val**
Festa de rua que dura vários dias, realizada em muitos países do mundo. A turma resolveu pular **carnaval**.

CARNE
car-ne
1. Parte sem osso e sem pele do corpo humano, formada por músculos. Quem faz exercícios fica com a **carne** dura.

2. Mesma parte do corpo dos animais, usada como alimento. Gosto de **carne** de vaca.

CARNEIRO
car-**nei**-ro
Animal mamífero doméstico, com corpo coberto de pelos grossos, a lã, usada para fazer diferentes objetos. Sua carne é um bom alimento.
Este **carneiro** é preto.

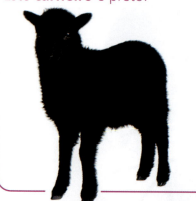

CARO
ca-ro
Tudo o que é vendido ou comprado por muito dinheiro, em relação ao seu valor. O caminhão custou **caro**.

CARTA
car-ta
1. Texto escrito para uma pessoa, geralmente colocado em um envelope e enviado pelo correio. Recebi uma **carta** de meus pais.

2. Cada peça do jogo de baralho. O baralho tem 52 **cartas**.

CAROÇO
ca-**ro**-ço
Parte dura do interior de alguns frutos; semente. A laranja tem vários **caroços**.

CARTAZ
car-taz
Aviso ou anúncio com informações em tamanho grande, com letras, desenhos ou fotografias. O **cartaz** informava o dia e o local da aula de desenho.

CARTUM
car-**tum**
1. Desenho que faz rir pelos traços e histórias contadas. O **cartum** do jornal de hoje estava ótimo.

2. Desenho animado. A televisão apresenta muitos **cartuns**.

CARRAPATO
car-ra-**pa**-to
Animal invertebrado que se alimenta de sangue quando preso na pele ou no pelo de animais. O cavalo estava com **carrapato**.

CARTEIRO
car-**tei**-ro
Pessoa que entrega cartas e outras encomendas enviadas pelo correio, como telegramas e pacotes. O **carteiro** entregou uma carta à minha vizinha.

CARROÇA
car-**ro**-ça
Carro de madeira com 2 ou 4 rodas, puxado por animal. Durante o passeio pela fazenda, andei na **carroça**.

CASA
ca-sa
Lugar onde as pessoas moram; habitação, residência. Volto para **casa** depois da escola.

CASTELO
cas-**te**-lo

Grande residência, geralmente protegida por muros altos e torres, onde moram reis, rainhas e nobres. O **castelo** ficava numa colina.

CATAPORA
ca-ta-**po**-ra

Doença contagiosa que provoca coceira e é acompanhada de pequenas manchas vermelhas e bolhas; varicela. Houve um surto de **catapora** na escola.

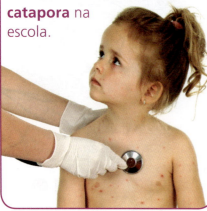

CAUDA
cau-da

1. Continuação da parte de trás do corpo dos animais; rabo. A **cauda** do elefante é engraçada!

2. Parte de trás de um vestido longo, mais comprida do que a frente. O vestido da noiva tinha uma **cauda** de 2 metros.

CAVALO
ca-**va**-lo

Animal mamífero grande com 4 patas, pelos e orelhas pontudas, usado pelo homem como montaria e para transporte de carga. Andei a **cavalo** no final de semana.

CAXUMBA
ca-**xum**-ba

Doença contagiosa que provoca dor e inchaço no pescoço; papeira. Meu irmão está com **caxumba**.

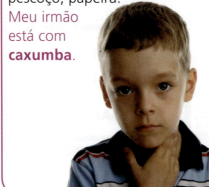

CEBOLA
ce-**bo**-la

Raiz comestível, com gosto e cheiro fortes. A **cebola** ardida faz chorar.

CEGO
ce-go

Pessoa que não vê. O **cego** caminha com o apoio da bengala.

CELESTE
ce-**les**-te

Qualidade de tudo que fica no céu. Os planetas são corpos **celestes**.

CENOURA
ce-**nou**-ra

Raiz comprida e alaranjada, muito usada como alimento. A **cenoura** é rica em vitamina A.

CENTOPEIA
cen-to-**pei**-a

Animal invertebrado com muitos pares de patas. Encontramos uma **centopeia** no jardim.

CEREAL
ce-re-**al**
Planta de onde se colhem grãos, usados como alimento, em sua forma natural ou transformados em farinha. Milho, aveia, trigo e arroz são **cereais**.

CÉREBRO
cé-re-bro
Orgão situado dentro da cabeça, responsável por tudo que acontece no corpo: movimentos, pensamentos, emoções, fala ou sentimentos. Quando pensamos, usamos o **cérebro**.

CEREJA
ce-**re**-ja
Fruto comestível da cerejeira, pequeno, doce e de casca vermelha.
O Brasil já produz **cerejas**.

CERRADO
cer-**ra**-do
1. O que não está aberto; fechado. Veja se a janela está **cerrada**.

2. Região brasileira formada por árvores e plantas baixas. Muitos animais vivem no **cerrado**.

CÉU
céu
Parte visível do espaço onde ficam os corpos celestes, como estrelas, o sol, a lua e os planetas. O **céu** estava cheio de estrelas.

CHEIRO
chei-ro
Sentido percebido pelo nariz, por meio do olfato. O **cheiro** da rosa é delicioso!

CHINELO
chi-**ne**-lo
Calçado confortável aberto, sem tira atrás. Vou à praia de **chinelos**.

CHOCOLATE
cho-co-**la**-te
Alimento ou bebida feito com as sementes do cacau. Há vários tipos de **chocolate**.

CHORAR
cho-**rar**
Derramar lágrimas dos olhos.
A menina **chorou** porque perdeu a boneca.

CHUCHU
chu-**chu**
Fruto do chuchuzeiro, muito usado como alimento, geralmente tem a casca verde e com espinhos.
Salada de **chuchu** é refrescante.

CHURRASCO
chur-**ras**-co
Pedaço de carne assada na brasa, usando grelha ou espeto; o nome dessa refeição. Comemos espetinhos de **churrasco**.

CIDADE
ci-**da**-de
Lugar maior que uma aldeia, com bairros, ruas, avenidas, praças, lojas, escolas e bancos, onde vivem muitas pessoas. São Paulo é a maior **cidade** do Brasil.

CINCO
cin-co
Correspondente ao número 5. Tenho **cinco** dedos em cada mão.

CHUVA
chu-va
Gotas de água que caem das nuvens. No verão, **chove** muito na cidade.

CIÊNCIA
ci-**ên**-cia
Estudo de qualquer área do conhecimento; conjunto de conhecimentos sobre determinado assunto. Biologia, Química e Física são **ciências** muito estudadas por jovens hoje em dia.

CINEMA
ci-**ne**-ma
Arte de fazer filmes e local onde são apresentados. Fomos ao **cinema** ver o novo filme.

CIENTISTA
ci-en-**tis**-ta
Pessoa que pesquisa e estuda qualquer ciência. Quero ser **cientista** quando crescer.

CINTO
cin-to
Faixa ou tira de tecido ou couro usada para segurar calças e saias ou como enfeite; também usado para prender a pessoa ao banco em veículos, garantindo sua segurança. Use sempre o **cinto** de segurança.

CHUVEIRO
chu-**vei**-ro
Aparelho de metal ou plástico com furos, ligado a um cano, por onde sai água para o banho. É muito gostoso o banho de **chuveiro**.

CINZA
cin-za
1. A cor do pó. O mar em dias de chuva fica **cinza**.

2. Pó que sobra de papel, madeira, carvão ou outros produtos, depois de queimados até o fim. Limpamos as **cinzas** da fogueira de ontem.

CIRANDA
ci-**ran**-da
Dança de roda com versos cantados, que determinam os movimentos. Todos entraram na **ciranda**.

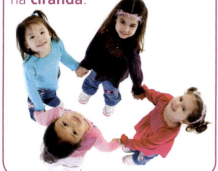

CIRCO
cir-co
Grande tenda circular armada com o apoio de ferros, onde palhaços, acrobatas, trapezistas e mágicos se apresentam em um palco - o picadeiro - com cadeiras em volta. O **circo** é a alegria da garotada!

CÍRCULO
cír-cu-lo
Forma geométrica, espaço dentro de uma circunferência. O **círculo** não tem lado.

CIRCUNFERÊNCIA
cir-cun-fe-**rên**-cia
Linha curva fechada numa superfície, em que todos os pontos têm a mesma distância do centro. O bambolê é exemplo de uma **circunferência**.

CLAREAR
cla-re-**ar**
Deixar um lugar com luz; iluminar. O dia **clareou** cedo.

COBRA
co-bra
Réptil sem patas que se move rastejando, algumas são venenosas e outras, não; serpente. Cuidado com as **cobras**!

COCO
co-co
Fruto comestível do coqueiro, de casca dura e grossa, com água dentro e polpa branca. Água de **coco** evita desidratação.

COELHO
co-**e**-lho
Pequeno animal mamífero roedor, com pelo macio e orelhas grandes. Move-se saltando. O **coelho** saltou para dentro do mato.

COLA
co-la
Substância usada para grudar uma coisa com outra.
O marceneiro usou **cola** para juntar as tábuas da prateleira.

COLAR
co-**lar**
1. Enfeite que se usa em volta pescoço. As moças gostam de **colares**.

2. Unir objetos com cola. Vamos **colar** o papel.

COLEÇÃO
co-le-**ção**
Conjunto de seres do mesmo tipo. Meus amigos e eu fazemos **coleção** de bolas de gude.

COLHER
co-**lher**
1. (com som aberto - ér) Objeto com cabo e concha rasa usado para servir, comer e mexer alimentos líquidos ou pastosos. Usei a **colher** para comer gelatina.

2. (com som fechado - êr) Tirar da terra legumes, flores, frutos e verduras. Vamos **colher** uvas.

COMENTÁRIO
co-men-**tá**-rio
O que se fala ou escreve sobre alguma coisa ou alguém. Fizemos uma roda de **comentários** sobre livros.

COMIDA
co-**mi**-da
O que se come; alimento. A **comida** da escola é gostosa.

COMPRIDO
com-**pri**-do
De grande comprimento; longo. Que estrada **comprida**!

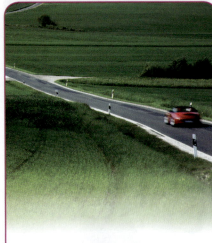

COMPRIMENTO
com-pri-**men**-to
Extensão de um ser, de uma ponta a outra. Uma baleia azul mede até 33 metros de **comprimento**.

38

COMPUTADOR
com-pu-ta-**dor**
Aparelho eletrônico que recebe e guarda informações. Pode-se desenhar, escrever, ver filmes e se comunicar a partir dele com outros aparelhos. Na minha escola, há vários **computadores**.

CONCHA
con-cha
1. Casca dura e curva de alguns moluscos. Observamos as **conchas** na praia.

2. Instrumento arredondado e fundo com cabo comprido com o qual servimos alimentos líquidos. Mamãe usou a **concha** para servir a sopa.

CONFIAR
con-fi-**ar**
Acreditar; sentir segurança. É preciso **confiar** em meus amigos.

CONFORTO
con-**for**-to
Bem-estar; comodidade; aconchego. O cachorro dorme com **conforto**.

CONTAGIAR
con-ta-gi-**ar**
Transmitir uma doença por aproximação. Criança com gripe **contagia** outras pessoas.

CONVERSAR
con-ver-**sar**
Falar com alguém. **Conversamos** sobre nossos brinquedos preferidos.

CONVITE
con-**vi**-te
Proposta por escrito ou falada para alguém fazer alguma coisa. Recebi o **convite** de aniversário de minha prima.

CORAÇÃO
co-ra-**ção**
Órgão que fica dentro do tórax e distribui sangue para todo o corpo. Meu **coração** bate mais depressa quando corro.

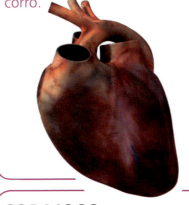

CORAJOSO
co-ra-**jo**-so
Aquele que não tem medo de perigo; valente. O bombeiro é **corajoso**.

CORDA
cor-da
1. Fios enrolados ou trançados. Brincamos de pular corda no recreio.

2. Parte de alguns instrumentos musicais que produz o som. O músico afina as cordas do violão.

CORPO
cor-po
Conjunto de partes que formam um ser.
As atividades físicas fazem bem para o corpo humano.

CORRIDA
cor-ri-da
Competição de velocidade ou resistência. O menino ganhou a corrida dos 100 metros.

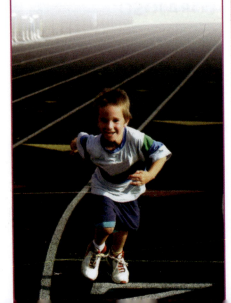

CORUJA
co-ru-ja
Ave de hábitos noturnos, cabeça redonda, bico curvado para baixo e olhos grandes.
A coruja observa o ambiente.

COSTAS
cos-tas
Parte posterior do corpo, entre os ombros e a cintura.
A menina põe as mãos nas costas.

COTOVELO
co-to-ve-lo
Articulação entre o braço e o antebraço. Meu cotovelo está machucado.

COUVE
cou-ve
Verdura de folha larga, grande e verde-escura, usada em saladas e pratos salgados.
Cortei a couve para o refogado.

COZINHA
co-zi-nha
Local da casa onde os alimentos são preparados em fogão de lenha ou a gás. Vejam: é a cozinha de minha casa.

CRACHÁ
cra-chá
Cartão com dados pessoais, usado para identificar a pessoa que o usa. Todos os estudantes usam crachá.

40

CRESCIMENTO
cres-ci-**men**-to
Desenvolvimento de forma natural ou aumento de tamanho. Esta planta **cresce** a cada dia.

CRIANÇA
cri-**an**-ça
Ser humano de pouca idade; fase anterior à adolescência. Que **crianças** lindas!

CURUPIRA
cu-ru-**pi**-ra
Figura lendária de índio que protege as plantas e os animais, tem os pés para trás e os calcanhares para a frente. O **curupira** enganou os caçadores.

CUMPRIMENTAR
cum-pri-men-**tar**
Saudar com gestos ou palavras a pessoa encontrada. O médico **cumprimentou** o paciente.

CURTO
cur-to
De pouco comprimento ou de pequena duração. O lápis ficou **curto**.

CURUMIM
cu-ru-**mim**
Criança índia. Os **curumins** brincam no rio.

CUTIA
cu-**ti**-a
Pequeno animal silvestre mamífero, roedor e com cauda curta. Que **cutia** pequena!

CUPIM
cu-**pim**
Pequeno inseto que vive em bandos e come vegetais e madeira, estragando móveis e peças de construções em geral. Os **cupins** atacaram esse móvel.

41

Dddd

DEBATE
de-**ba**-te
Exposição de ideias por várias pessoas, que defendem sua opinião. O **debate** era sobre o trabalho escolar.

DADO
da-do
Peça com seis lados quadrados unidos e com círculos pintados, representando quantidades de 1 a 6, usada em jogos.
As crianças jogam os **dados** para começar o jogo.

DEDO
de-do
Partes finais das mãos e dos pés, com movimentos e unhas. Temos 20 **dedos** no corpo: 10 nas mãos e 10 nos pés.

DEFICIÊNCIA
de-fi-ci-**ên**-cia
1. Falta; carência. **Deficiência** alimentar causa doenças.

2. Dificuldade ou limitação de uma pessoa. Pessoas com **deficiências** contribuem para a sociedade.

DANÇAR
dan-**çar**
Movimentar o corpo com ritmo, ao som de música.
A menina **dança** balé.

DEFENDER
de-fen-**der**
Movimento para proteger ou socorrer um ser. No treino de judô, os meninos aprenderam a se **defender**.

DEFICIENTE
de-fi-ci-**en**-te
Pessoa com alguma limitação ou dificuldade física ou mental. Na minha sala há duas crianças **deficientes:** uma cega e outra surda.

DATA
da-ta
Marca de um acontecimento com dia, mês e ano. O dia 7 de abril é uma **data** importante: aniversário de meu pai.

DENDÊ
den-**dê**
Fruto de um tipo de palmeira usado para produzir um óleo especial para comida. Mamãe põe azeite de **dendê** no molho do peixe.

DENGUE
den-gue
Doença transmitida por um mosquito que vive em lugares com água limpa empoçada. Cuidado! Água empoçada é o local preferido do mosquito da **dengue**!

DENTE
den-te
Cada um dos 32 orgãos duros existentes na boca, em cima e embaixo, responsáveis pela capacidade de morder e cortar alimentos. Escovamos nossos **dentes** depois de cada refeição!

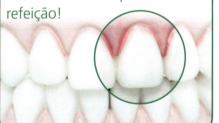

DENTISTA
den-**tis**-ta
Pessoa que cuida dos dentes de outros seres humanos. A **dentista** do bairro é muito cuidadosa com os dentes das crianças.

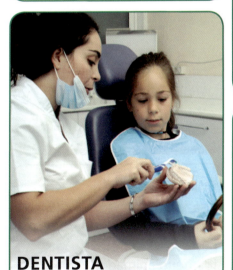

DENTRO
den-tro
No interior de um lugar. O urso está **dentro** da caixa.

DEPRESSA
de-**pres**-sa
Modo de fazer algo em pouco tempo, com rapidez. Os carros de corrida andam muito **depressa**.

DERRAMAR
der-ra-**mar**
Deixar cair um líquido; derrubar; espalhar; escorrer. **Derramei** todo o café na mesa.

DERRETER
der-re-**ter**
Transformar algo sólido em líquido. Com o calor, o gelo **derreteu**!

DESCOBERTA
des-co-**ber**-ta
O que foi encontrado por acaso ou pela primeira vez. A **descoberta** das estações do ano possibilitou a agricultura.

DESCONHECIDO
des-co-nhe-**ci**-do
Pessoa ou objeto que não é conhecido de ninguém. Esse animal ainda é **desconhecido** dos cientistas.

DESCULPAR
des-cul-**par**
Aceitar uma explicação; perdoar alguém, tirando sua culpa. **Desculpar** os erros dos outros é importante para vida em sociedade.

DESENHAR
de-se-**nhar**
Fazer traços, com lápis, caneta, giz ou outro material em uma superfície. O menino **desenha** com muita concentração.

DESERTO
de-**ser**-to
Região coberta de areia, com pouca chuva e quase sem vegetação. Há muitas dunas no **deserto**.

DESIDRATAÇÃO
de-si-dra-ta-**ção**
Perda de água do corpo de um ser animal ou vegetal. Tome bastante água para não ter **desidratação**.

DESTRO
des-tro
Pessoa com mais habilidade com a mão ou o pé direito. O jogador de futebol era **destro**.

DETETIVE
de-te-**ti**-ve
Pessoa que soluciona mistérios ou encontra os responsáveis por crimes. Os **detetives** encontraram o ladrão da loja de roupas.

DEVAGAR
de-va-**gar**
Modo de fazer algo sem pressa, com pouca velocidade, lentamente. A tartaruga anda **devagar**.

DEZEMBRO
de-**zem**-bro
Décimo segundo mês do ano, com 31 dias - é o último. Estamos em **dezembro** e o Natal está chegando!

DIA
di-a
Tempo desde o nascer até o pôr do sol. Contrário de noite. O **dia** hoje está lindo!

DIÁLOGO
di-**á**-lo-go
Conversa entre duas pessoas. O **diálogo** foi muito animado.

DIÁRIO
di-**á**-rio
1. Caderno onde estão anotações da vida de uma pessoa. A professora anota todas as atividades no **diário** de classe.

2. Aquilo que se faz todos os dias. Os cuidados com nosso corpo devem ser **diários.**

DICIONÁRIO
di-cio-**ná**-rio
Livro com explicações sobre os significados das palavras, colocadas em ordem alfabética. Na livraria, há bons **dicionários**.

DIFERENTE
di-fe-**ren**-te
Qualidade de algo que não se parece com outro. Quantos lápis **diferentes**!

DINHEIRO
di-**nhei**-ro
Moedas ou notas usadas para compras e pagamentos. O **dinheiro** é feito na Casa da Moeda.

DINOSSAURO
di-nos-**sau**-ro
Réptil de duas ou de quatro pernas e de tamanhos variados que viveu na Terra milhões de anos antes dos homens. O filme dos **dinossauros** era assustador.

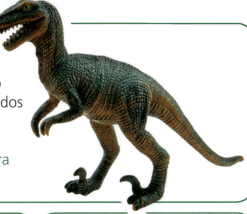

DIREITO
di-**rei**-to
1. Contrário de esquerdo. O banheiro fica à **direita**.

2. Aquilo que é dado à pessoa por lei. A educação é um **direito** de todos.

DIRIGIR
di-ri-**gir**
Conduzir um veículo. Os motoristas aprendem a **dirigir** na autoescola.

DISFARCE
dis-**far**-ce
Qualquer objeto usado para não ser reconhecido nem identificado. Meu primo usou um **disfarce**.

DITADO
di-**ta**-do
O que é dito em voz alta, para alguém anotar. A professora fez um **ditado** de nomes de animais.

DIVERSÃO
di-ver-**são**
Algo que provoca riso e alegria nas pessoas. Minha **diversão** favorita é a montanha-russa.

a
b
c
d
e
f
g
h
i
j
k
l
m
n
o
p
q
r
s
t
u
v
w
x
y
z

DIVERSIDADE
di-ver-si-**da**-de
Diferenças físicas, culturais e de gostos num grupo de pessoas. Nossa escola promove a **diversidade** cultural entre os alunos.

DIVIDIR
di-vi-**dir**
1. Separar um todo em partes. Os piratas **dividiram** o tesouro.

2. Operação matemática para separar um todo em partes iguais. A mãe **dividiu** a maçã.

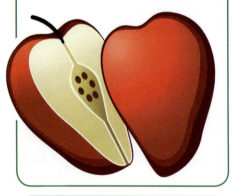

DOCE
do-ce
Alimento preparado com frutas ou farinha e açúcar. Meu **doce** preferido é pudim.

DOBRADURA
do-bra-**du**-ra
O que se faz dobrando papel. Fiz um barquinho de **dobradura**!

DOENÇA
do-**en**-ça
Falta de saúde, moléstia. Gripe é uma **doença**.

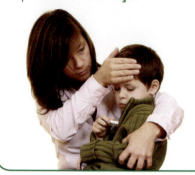

DOENTE
do-**en**-te
Ser com algum tipo de doença. Meu colega ficou **doente**.

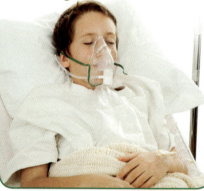

DOIS
dois
Correspondente ao número 2. Eu tenho **dois** cachorrinhos.

DOMÉSTICO
do-**més**-ti-co
O que é de casa ou que vive em casa. Gato e cachorro são animais **domésticos**.

DOMINÓ
do-mi-**nó**
Jogo com 28 peças, cada uma com diferentes quantidades de círculos pintados de 0 a 6. Os idosos jogam **dominó** na pracinha.

DONO
do-no
Pessoa com alguma posse; proprietário. O **dono** deste bichinho sou eu.

DOR
dor
Sentimento de pesar ou tristeza por causa de uma perda ou doença.
A menina está com **dor**.

DRAGÃO
dra-**gão**
Monstro de histórias e filmes que solta fogo pela boca e pelo nariz, tem garras, asas e cauda. O **dragão** atacou a casa do lenhador.

DROMEDÁRIO
dro-me-**dá**-rio
Animal mamífero parecido com o camelo, mas com o pescoço mais curto e apenas uma corcova, que vive em regiões desertas. No zoológico há uma família de **dromedários**.

DUENDE
du-**en**-de
Ser imaginário de histórias infantis, com orelhas pontudas, que brinca durante a noite. Meu irmão se fantasiou de **duende**.

DUNA
du-na
Monte de areia formado pelo vento, em praias ou desertos. O passeio pelas **dunas** é muito procurado.

EDUCAÇÃO
e-du-ca-**ção**
Tudo que a gente aprende para viver bem em sociedade. Os pais se preocupam com a **educação** dos filhos.

ELÁSTICO
e-**lás**-ti-co
Objeto que pode ser esticado e, quando solto, volta à forma normal, como a borracha que segura o dinheiro.
Vovô prende o dinheiro com **elástico**.

ELEFANTE
e-le-**fan**-te
Maior animal mamífero terrestre, com tromba, presas de marfim e enormes orelhas. Os **elefantes** tomam banho no lago.

ELETRICIDADE
e-le-tri-ci-**da**-de
Energia usada para iluminar e fazer aparelhos funcionarem. A **eletricidade** permite ler antes de dormir.

ELETRICISTA
e-le-tri-**cis**-ta
Pessoa que instala e conserta aparelhos elétricos. O **eletricista** conserta a tomada.

EMA
e-ma
Maior ave do Brasil. A **ema** não voa.

EMBALAR
em-ba-**lar**
1. Embrulhar. O vendedor **embala** a caixa.

2. Movimentar devagar um ser nos braços. A mãe **embala** seu bebê para dormir.

EMBRULHAR
em-bru-**lhar**
Envolver algo com papel ou outro material. Por favor, você **embrulha** para mim?

EMERGÊNCIA
e-mer-**gên**-cia
Acontecimento não esperado que necessita de socorro rápido. O paciente está na sala de **emergência**.

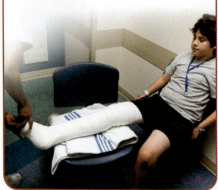

EMOÇÃO
e-mo-**ção**
Sentimento de medo, alegria, raiva, tristeza, saudade ou outro. O rapaz recebe o prêmio com **emoção**.

EMPRESTAR
em-pres-**tar**
Deixar outra pessoa usar algo seu ou pegar algo de alguém para seu uso. A aluna **empresta** a lapiseira à professora.

EMPURRAR
em-pur-**rar**
Mover algo com a força do corpo ou com o auxílio de máquina. A menina **empurra** o carrinho.

ENCHENTE
en-**chen**-te
Grande aumento da quantidade de água por todos os lados, geralmente por causa da chuva. A chuva causou **enchente** na cidade.

ENCHER
en-**cher**
Completar algum recipiente até o fim. Vamos **encher** o copo de água?

ENFEITAR
en-fei-**tar**
Colocar algo em alguém ou em alguma coisa; para deixá-lo mais bonito; embelezar. A família **enfeita** a casa para a festa de aniversário.

ENGRAÇADO
en-gra-**ça**-do
Situação ou pessoa que faz rir. O avô contou uma história **engraçada** para a neta.

ENCONTRAR
en-con-**trar**
Descobrir algo escondido ou perdido. **Encontramos** o inseto!

ENERGIA
e-ner-**gi**-a
Força usada para produção de calor, luz ou para funcionamento de máquinas e motores. Sem **energia** elétrica, não tem luz.

ENORME
e-**nor**-me
De tamanho muito grande. A girafa tem um pescoço **enorme**.

ENCOSTAR
en-cos-**tar**
Colocar dois ou mais seres lado a lado. Meu primo **encostou-se** na parede.

ENFERMEIRO
en-fer-**mei**-ro
Pessoa que cuida de doentes e feridos, orientada por um médico. A **enfermeira** cuidou da menininha.

ENSINAR
en-si-**nar**
Transmitir conhecimentos a outro ser; instruir; educar; dar aulas. A professora nos **ensina** a pintar.

ENDEREÇO
en-de-**re**-ço
Informações completas sobre o local onde alguém mora ou trabalha. Meus avós moram no **endereço**: Rua da Paz, 57 - Vila da Serra, na cidade de Mata Cerrada.

ENGENHEIRO
en-ge-**nhei**-ro
Pessoa que desenha e orienta a construção de coisas, como casas, máquinas e estradas. O **engenheiro** orienta a construção do prédio.

ENTRADA
en-**tra**-da
Passagem de fora para dentro de um local. Ali é a **entrada** da fazenda.

ENTRE
en-tre
Espaço ou tempo que separa duas situações ou pessoas. O peão preto está **entre** os peões brancos.

ESCAROLA
es-ca-**ro**-la
Verdura de folhas grandes, amarga, usada em salada ou refogada. A **escarola** dará uma boa salada.

ENTREVISTA
en-tre-**vis**-ta
Conversa entre pessoas, em que uma faz perguntas e outra responde. A jornalista fez a **entrevista** com a professora.

ERRAR
er-**rar**
Não fazer algo certo; enganar-se. O atirador **errou** a direção da flecha.

ESCOLA
es-**co**-la
Local onde se ensinam e se estudam muitas coisas. Eu aprendi o alfabeto na **escola**.

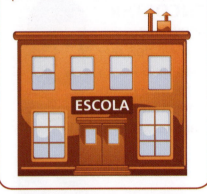

ERVILHA
er-**vi**-lha
Legume de casca e sementes verdes, usado em sopa e salada. Estas **ervilhas** estão fresquinhas!

ENVELOPE
en-ve-**lo**-pe
Objeto de papel, usado para proteger cartas e documentos. Guardei a carta no **envelope** verde.

ESCONDER
es-con-**der**
Colocar algo em local onde outro ser não encontre. O menino **escondeu-se** atrás da cortina.

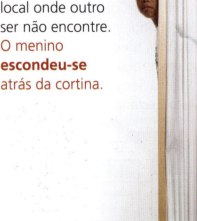

ESCADA
es-**ca**-da
Objeto feito de diferentes materiais, com degraus usados para subir ou descer de um local. O pedreiro subiu até o telhado pela **escada**.

ENXADA
en-**xa**-da
Instrumento usado pelo agricultor para mexer a terra. O agricultor prepara a terra com a **enxada**.

50

ESCORREGADOR
es-cor-re-ga-**dor**
Brinquedo com uma escada para subida e uma rampa para descida. Eu gosto de brincar no **escorregador**.

ESCULTURA
es-cul-**tu**-ra
Obra de arte feita a mão com bronze, mármore e outros materiais que representa algo. Vi uma bela **escultura** no museu.

ESPAÇO
es-**pa**-ço
1. Distância entre seres. O **espaço** entre os lápis é pequeno.

2. Lugar ocupado por um ser. Esta bola ocupa muito **espaço**.

3. Lugar onde estão os corpos celestes. A Terra está no **espaço**.

ESCOVA
es-**co**-va
Objeto com fios duros presos em uma placa de madeira ou plástico usado para limpeza e higiene. Há vários tipos de **escovas**.

ESCURECER
es-cu-re-**cer**
A hora do cair da tarde, quando o sol começa a se esconder; deixar um lugar com pouca ou nenhuma luz. **Escurecemos** a sala para assistir ao filme.

ESPADA
es-**pa**-da
Objeto de lâmina afiada e comprida. O príncipe levantou a **espada**.

ESCREVER
es-cre-**ver**
Fazer letras ou números em uma superfície. Minha irmã **escreveu** o alfabeto na lousa.

ESFRIAR
es-fri-**ar**
Baixar a temperatura. Mamãe, **esfrie** a sopa para mim!

51

ESPÉCIE
es-**pé**-cie
Grupo de animais ou plantas muito parecidos entre si. Há várias **espécies** de pássaros.

ESPELHO
es-**pe**-lho
Vidro que reflete imagem. Eu me vejo no **espelho**.

ESPERANÇA
es-pe-**ran**-ça
Desejo de que algo aconteça. Tenho **esperança** de que haverá sol no feriado.

ESPERAR
es-pe-**rar**
1. Desejar que algo aconteça. **Espero** que nossa seleção de futebol ganhe!

2. Aguardar a chegada de alguém ou algum acontecimento. A menina **espera** sua avó chegar.

ESPETÁCULO
es-pe-**tá**-cu-lo
Apresentação pública, como circo ou teatro. Assistimos a um **espetáculo** no teatro.

ESPIRAL
es-pi-**ral**
Linha curva que dá voltas seguidas. A escada caracol tem a forma **espiral**.

ESPORTE
es-**por**-te
Atividade física organizada com regras, que faz bem à saúde. Meu **esporte** preferido é futebol.

ESQUECER
es-que-**cer**
1. Não lembrar. Desculpe, **esqueci** seu nome!

2. Deixar algo em algum lugar sem querer. **Esqueci** o que o barbante no meu dedo quer lembrar.

52

ESQUELETO
es-que-**le**-to
Conjunto de ossos que dão forma a um ser. Há um **esqueleto** humano no laboratório de ciências.

ESTAÇÃO
es-ta-**ção**
1. Local onde param veículos para embarque e dembarque. Os trabalhadores esperam o trem na **estação**.

2. Cada um dos 4 períodos do ano: primavera, verão, outono e inverno. Usamos roupas diferentes em cada **estação** do ano.

ESTICAR
es-ti-**car**
Estender ou deixar sem dobras; aumentar o tamanho. A menina **esticou** bem os braços.

ESQUENTAR
es-quen-**tar**
Aumentar a temperatura. Para que você **esquentou** a água?

ESTOJO
es-**to**-jo
Objeto usado para guardar coisas pessoais. Meu **estojo** tem lápis, apontador, canetas e borracha.

ESQUERDO
es-**quer**-do
Lado do corpo onde fica o coração; o contrário de direito. Esta placa indica o lado **esquerdo**.

ESTIAGEM
es-ti-**a**-gem
Grande período de tempo sem chuva; o mesmo que seca. Os animais ficam fracos e magros durante a **estiagem**.

ESTRADA
es-**tra**-da
Caminho largo por onde passam veículos em velocidade. Essa **estrada** tem muitas curvas.

a b c d e f g h i j k l m n o s t u v w x y z

ESTRAGAR
es-tra-**gar**
Causar dano; destruir; desgastar; quebrar; apodrecer. A caixa **estragou** depois que caiu.

ESTRELA
es-**tre**-la
Corpo celeste com luz própria; astro. O sol é uma **estrela**.

ESTRELA-DO-MAR
es-tre-la-do-**mar**
Animal marinho invertebrado com corpo em forma de estrela. Encontrei uma **estrela-do-mar** na praia.

ESVAZIAR
es-va-zi-**ar**
Deixar um espaço livre, sem nada ou vazio. **Esvaziei** a caneca.

EXERCÍCIO
e-xer-**cí**-cio
Treinar alguma habilidade. O pequeno ginasta faz **exercícios** diariamente.

EXPLICAR
ex-pli-**car**
Fazer outra pessoa entender o que não sabe. A professora de Matemática **explicou** o exercício para os alunos.

EXPOSIÇÃO
ex-po-si-**ção**
Apresentação ao público de ideia ou produção. A **exposição** de artes da escola foi um sucesso!

EXTERNO
ex-**ter**-no
Parte de fora de lugar ou coisa. A pintura foi feita na parte **externa** da casa.

Ff

FÁBULA
fá-bu-la
História em que os animais falam. Apresenta uma lição para os humanos no fim. Minha **fábula** preferida é "A tartaruga e a lebre".

FÁBRICA
fá-bri-ca
Lugar onde se produz alguma coisa. Corte o pão com a **faca**.

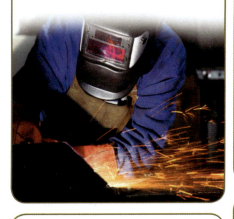

FACA
fa-ca
Instrumento com lâmina cortante e cabo. Corte o pão com a **faca**.

FADA
fa-da
Personagem feminino dos contos de fada, com poderes mágicos. De repente, apareceu a **fada** de Cinderela.

FAMÍLIA
fa-**mí**-lia
Parentes ou pessoas muito ligadas, como avós, pais, tios, primos e irmãos. Esta é a minha **família**.

FANTASIA
fan-ta-**si**-a
1. Criação da imaginação. O rapaz pensou que havia um fantasma ali, mas era só **fantasia**!

2. Roupa que se usa para representar um personagem. Use sua **fantasia** no Carnaval!

FANTASMA
fan-**tas**-ma
Figura da imaginação; visão de uma pessoa morta reaparecendo. **Fantasmas** não existem!

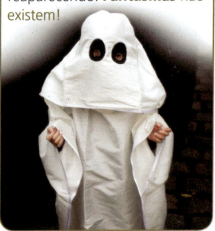

FANTOCHE
fan-**to**-che
Boneco usado no teatro e vestido nas mãos. Hoje tem teatro de **fantoches** na escola!

FAUNA
fau-na
Conjunto de animais que vivem em uma região. Os pinguins pertencem à **fauna** antártica.

FAXINA
fa-**xi**-na
Serviço de limpeza de um lugar. Papai fez uma **faxina** na sala.

FEBRE
fe-bre
Alta temperatura no corpo por causa de doença. Meu filho está com **febre**.

FEIJÃO
fei-**jão**
Semente do feijoeiro, muito usado no Brasil em pratos típicos. Temos arroz e **feijão** para o almoço.

FEIRA
fei-ra
1. Exposição de produtos de várias origens, com diversões e atrações variadas. Nosso grupo fez um carrinho de corrida para a **feira** de ciências da escola.

2. Lugar público, geralmente com barracas, onde se vendem produtos com preços menores. Comprei na **feira** frutas, verduras e legumes para a semana.

FEITIÇO
fei-**ti**-ço
Ação mágica realizada por bruxas, magos e fadas em histórias. A bruxa jogou um **feitiço** no príncipe, que virou sapo.

FÊMEA
fê-mea
Qualquer animal do sexo feminino. A vaca é a **fêmea** do touro.

FEMININO
fe-mi-**ni**-no
Relacionado à mulher. Aquela loja só vende roupas e sapatos **femininos**.

FERIADO
fe-ri-**a**-do
Dia em que se comemora fato histórico ou festa religiosa. O **feriado** de Natal é em 25 de dezembro.

FEVEREIRO
fe-ve-**rei**-ro
Segundo mês do ano, com 28 dias e que a cada 4 anos tem 29 dias. Bissexto é o ano em que **fevereiro** tem 29 dias.

FIBRA
fi-bra
Elemento fino e alongado que, em grande quantidade, forma fios. Este tecido tem **fibras** fortes.

FILME
fil-me
História contada por meio de imagens gravadas e que são apresentadas em cinemas ou pela televisão. Ontem, vimos um **filme** divertido.

FINO
fi-no
Ser que tem pouca grossura.
O fio deste novelo de lã é **fino**.

FIO
fi-o
Fibra torcida. Lembre-se de usar o **fio** dental entre os dentes!

FLAUTA
flau-ta
Instrumento musical de sopro, composto de tubo furado, que permite a passagem de ar. O jovem toca **flauta** muito bem.

FLOR
flor
Parte da planta em que se encontram os órgãos de reprodução. Olhe que **flores** mais lindas!

FLORA
flo-ra
Conjunto de plantas e árvores de uma região. Pau-brasil e bromélias fazem parte da **flora** da Mata Atlântica.

FLORESTA
flo-**res**-ta
Grande área de terra coberta por árvores grandes. Esta **floresta** tem plantas muito raras.

FLUTUAR
flu-tu-**ar**
1. Ficar na superfície de um líquido.
O gelo **flutua** na água.

2. Ficar suspenso no ar.
O paraquedista **flutuava** no ar.

FOGÃO
fo-**gão**
Aparelho que funciona a gás, lenha ou eletricidade, usado no cozimento e preparação de alimentos. Minha tia cozinha em um **fogão** a gás.

FOGO
fo-go
Produção de luz e calor por meio da queima de material inflamável. Vovó acendeu o **fogo** embaixo da panela.

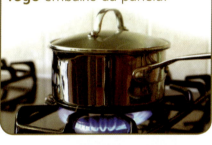

FOGUETE
fo-**gue**-te
1. Nave espacial.
O astronauta viajou no **foguete**.

2. Fogo de artifício, formado por um tubo de papelão com pólvora dentro que produz barulho e solta chamas coloridas. Soltaram **foguetes** na virada do ano.

FOLCLORE
fol-**clo**-re
Conjunto de usos, costumes, histórias, artesanato, cantigas e tradições de uma região ou país. A festa junina pertence ao **folclore** brasileiro.

FORA
fo-ra
No exterior de um lugar. O urso está **fora** da caixa.

FORMIGA
for-**mi**-ga
Pequeno inseto que vive em sociedade, chamada formigueiro. A **formiga** subiu no meu pé.

FOLE
fo-le
Instrumento feito de papel ou couro dobrado várias vezes, que solta o ar quando se abre e fecha. Usado em instrumentos musicais e para alimentar o fogo. O cozinheiro usou o **fole** para alimentar o fogo.

FORÇA
for-ça
Capacidade de mover algo ou realizar um esforço. A menina puxou a corda com **força**.

FORTE
for-te
Que tem muita força física, capacidade ou energia para fazer algo. Veja só como sou **forte**.

FORMA
for-ma
1. (com som aberto - ó) Aparência externa de algo. A Terra tem a **forma** arredondada.

2. (com som fechado - ô) Objeto de metal usado para levar massas para assar. Faça o bolo com esta **forma**.

FRACO
fra-co
Que tem pouca força física, capacidade ou energia para fazer algo. O brinquedo não funciona por causa da bateria **fraca**.

FOLHA
fo-lha
1. Parte da planta, geralmente verde, de vários formatos. Com a **folha** do hortelã, fazemos um chá delicioso.

2. Partes de papel de caderno, livro e revistas. Esta **folha** tem linhas.

FRENTE
fren-te
Parte dianteira de algo ou alguém; estar adiante.
A bailarina está na **frente** das colegas.

FRUTO
fru-to
Parte da planta onde ficam as sementes; fruta. O tomate é o **fruto** do tomateiro.

FUNDO
fun-do
Parte mais baixa ou mais longe da abertura; profundo. Esse poço é bem **fundo**!

Ggg*g*

GADO
ga-do
Conjunto de animais quadrúpedes criados para usos diversos. O **gado** bovino pasta na fazenda.

GAFANHOTO
ga-fa-**nho**-to
Inseto saltador que se alimenta de vegetais. Vi um **gafanhoto** no jardim.

GALHO
ga-lho
Parte da planta em que brotam folhas, flores e frutos. Veja que lindo **galho** florido!

GALO
ga-lo
1. Ave de bela plumagem, com crista na cabeça. A crista do **galo** é bem vermelha.

2. Inchaço na cabeça ou testa ao sofrer uma pancada. Bati a testa e fiz um **galo**, ai!

GANGORRA
gan-**gor**-ra
Brinquedo com tábua comprida presa no meio. Uma criança senta em cada ponta, uma de frente para a outra, e balançam para cima e para baixo. O sobe e desce da **gangorra** é divertido!

GANHAR
ga-**nhar**
Receber ou conseguir algo sem fazer esforço nem pagar por isso.
Ganhei muitos presentes no meu aniversário!

GARÇOM
gar-**çom**
Pessoa que serve comidas e bebidas em restaurantes ou festas. Neste restaurante, trabalham **garçons** e garçonetes.

GÁS
gás
Substância que não tem forma nem volume definido, como o ar que respiramos. O oxigênio é um **gás** usado em inalação.

GEADA
ge-**a**-da
Camada bem fina de gelo. A **geada** cobriu as plantas.

GARFO
gar-fo
Objeto com 3 ou 4 dentes e cabo comprido, usado para levar alimentos sólidos à boca. Usei o **garfo** para comer a carne.

GATO
ga-to
Pequeno animal mamífero doméstico, peludo, pula com grande habilidade e tem língua áspera. A **gata** olhava o dono com atenção.

GELADEIRA
ge-la-**dei**-ra
Aparelho eletrodoméstico usado para guardar alimentos em baixa temperatura. A **geladeira** tem duas portas.

GARRAFA
gar-**ra**-fa
Objeto de vidro ou plástico usado para guardar líquidos. Nesta **garrafa** de vidro tem água.

GAVETA
ga-**ve**-ta
Caixa móvel dentro de um armário, onde se guardam objetos, como roupas e papéis. As roupas estão nas **gavetas**.

GELEIA
ge-**lei**-a
Doce feito com fruta cozida e açúcar. Eu gosto de **geleia** de morango no pão.

GÊMEO
gê-meo
Cada um dos filhos que nascem no mesmo parto. Essas duas crianças são **gêmeas**.

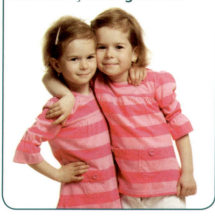

GIBI
gi-**bi**
Revista de histórias em quadrinhos. Ontem, comprei um **gibi**.

GIGANTE
gi-**gan**-te
Ser de grande altura, bem acima do normal de sua espécie. Este **gigante** é malvado.

GIRAFA
gi-**ra**-fa
Animal mamífero de pescoço muito comprido, pernas longas, pelagem amarela com manchas escuras. A **girafa** pode medir até 6 metros de altura.

GIRASSOL
gi-ras-**sol**
Planta de caule comprido, com flores de pétalas amarelas com miolo marrom. Das sementes extrai-se óleo de cozinha. Os **girassóis** viram na direção do Sol.

GIZ
giz
Barra de argila usada para escrever em lousa ou tecidos. A criança escreve na lousa com um **giz** colorido.

GLOBO
glo-bo
Objeto que tem a forma redonda; esfera; globo terrestre: representação em tamanho pequeno do planeta Terra. A professora apresentou um **globo** terrestre à turma.

GOLA
go-la
Parte da roupa que fica em volta do pescoço. A camisa tem botões na **gola**.

GOLFINHO
gol-**fi**-nho
Animal mamífero, com focinho longo, que vive no mar. O **golfinho** saltou bem alto.

A B C D E F G H I J K L M N O P Q R S T U V W Z

GORDO
gor-do
Aquele que é largo e pesado em relação à sua altura.
O homem **gordo** corre no parque.

GRANDE
gran-de
Que ocupa muito espaço; maior do que outros. O papai é bem **grande**.

GRÃO
grão
Semente de cereais e de outras plantas usadas como alimento. Feijão e milho são tipos de **grãos**.

GRÁVIDA
grá-vi-da
Gestante; mulher com um filho se desenvolvendo em sua barriga.
Minha mãe está **grávida** de meu irmãozinho.

GRILO
gri-lo
Inseto que dá grandes saltos e faz ruído estridente.
Peguei um **grilo**.

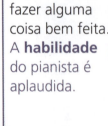

GROSSO
gros-so
Que tem grande diâmetro.
O tronco da árvore é **grosso**.

GUARANÁ
gua-ra-ná
Planta trepadeira da Amazônia, da qual se extrai a semente usada na bebida do mesmo nome. Usei as sementes do **guaraná**.

GUITARRA
gui-tar-ra
Instrumento musical de cordas, que parece com violão, mas funciona com eletricidade.
O músico tocou **guitarra** na festa.

Hh*h*

HABILIDADE
ha-bi-li-da-de
Capacidade ou facilidade para fazer alguma coisa bem feita.
A **habilidade** do pianista é aplaudida.

HABITAT
ha-bi-tat
Lugar favorável à vida e ao desenvolvimento de certos animais ou vegetais. O **habitat** da minhoca é a terra úmida.

62

HÁLITO
há-li-to
Ar que sai da boca durante a respiração. Dentes bem escovados previnem o mau **hálito**.

HAMBÚRGUER
ham-**búr**-guer
Nome da carne moída e temperada em porções redondas e achatadas, usada em sanduíches, que têm o mesmo nome. Na hora do lanche, comi um **hambúrguer** delicioso.

HÉLICE
hé-li-ce
Peça em forma de haste que, quando unida em pares ligados a um motor, gira e movimenta motores de barcos, navios ou aeronaves. Com a batida, uma **hélice** do barco quebrou.

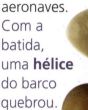

HELICÓPTERO
he-li-**cóp**-te-ro
Aeronave com capacidade para fazer voos e pousos verticais e em pequenos espaços, graças às grandes hélices em seu teto. O **helicóptero** voa sobre o prédio.

HERÓI
he-**rói**
Pessoa responsável por uma ação corajosa e digna da admiração de outras. O **herói** da história defendeu o castelo.

HÍFEN
hí-fen
Tracinho usado para separar sílabas de uma palavra ou as partes dentro de uma palavra composta. O **hífen** é usado em couve-flor.

COUVE-FLOR

HINO
hi-no
Poesia e música feitos para homenagear um ser ou um fato histórico. Todos aprenderam a letra do **Hino** Nacional.

HIPOPÓTAMO
hi-po-**pó**-ta-mo
Mamífero grande que come plantas, com o corpo coberto com um couro muito duro e sem pelos, que vive próximo a rios e lagos. Os **hipopótamos** gostam muito de ficar dentro da água.

HISTÓRIA
his-**tó**-ria
1. Relato de fatos importantes para um povo, com data e local de acontecimento. A **História** do Brasil começa com seu descobrimento.

2. Conto ou narração de aventuras fantasiosas. Minha leitura preferida é a **história** em quadrinhos.

63

H

HOJE
ho-je
No dia em que estamos; momento atual ou presente. Que legal, vamos ao teatro **hoje**!

HOMEM
ho-mem
Seres humanos em geral; em particular, aquele que é do sexo masculino. Aqueles **homens** formam um time de basquete.

HONESTIDADE
ho-nes-ti-**da**-de
Sinceridade e respeito com as leis e os costumes. O menino agiu com **honestidade**: devolveu o brinquedo.

HORA
ho-ra
Período de tempo com duração de 60 minutos. Estudo durante 1 **hora** em casa todos os dias.

HORÁRIO
ho-**rá**-rio
Período de tempo contado em horas. O **horário** da aula de música é das 7h às 12h.

AULA DE MÚSICA
Todos os dias,
das 7h às 12h.

HORIZONTAL
ho-ri-zon-**tal**
Na mesma posição da linha do horizonte, paralelo ao chão ou deitado. Os humanos dormem na posição **horizontal**.

HORTELÃ
hor-te-**lã**
Planta com as folhas verdes e pequenas, usadas em chá ou alimentos. Chá de **hortelã** é refrescante!

HOSPITAL
hos-pi-**tal**
Local onde médicos, enfermeiros e equipamentos estão disponíveis para o tratamento de doentes. O **hospital** fica ali na esquina.

HOTEL
ho-**tel**
Lugar onde se pode dormir em quartos ou apartamentos, com o pagamento de diárias. Aquele **hotel** é muito confortável.

HUMOR
hu-**mor**
Temperamento; capacidade de ver o lado alegre dos acontecimentos. Pessoas de bom **humor** são alegres.

I i i

IARA
i-**a**-ra
Personagem de lenda do mesmo nome, mulher com cauda de peixe, de cabelos longos que vive no fundo de rios e lagos; sereia. A beleza da **Iara** encanta os homens.

IDADE
i-**da**-de
Contagem do tempo de vida de um ser. Ela tem 30 anos de **idade**.

IDEIA
i-**dei**-a
Representação de algo na mente. Meus amigos tiveram a **ideia** de fazer um piquenique.

IDÊNTICO
i-**dên**-ti-co
O que é parecido, a ponto de ser difícil de perceber a diferença; igual. Veja: gêmeos **idênticos**!

IDOSO
i-**do**-so
Pessoa com mais de 65 anos de idade. O casal de **idosos** passeia no parque.

IGLU
i-**glu**
Construção arredondada, feita de blocos de gelo ou neve. Os esquimós vivem em **iglus**.

IGREJA
i-**gre**-ja
Construção aonde os cristãos vão para rezar. Minha mãe vai à **igreja** aos domingos.

IGUAL
i-**gual**
O que não tem diferença em relação a outro ser; idêntico. Esses piões são **iguais**.

ILHA
i-**lha**
Porção de terra cercada de água. Da praia, vimos uma **ilha**.

ILUSTRAÇÃO
i-lus-tra-**ção**
Desenhos, imagens ou fotos que acompanham textos escritos. Aquele dicionário tem belas **ilustrações**.

IMITAR
i-mi-**tar**
Fazer algo de maneira semelhante a um modelo. Adivinha o que estou **imitando**!

IMUNDO
i-**mun**-do
Que está muito sujo. Todos brincaram na lama e ficaram **imundos**.

ÍMÃ
í-mã
Metal que atrai outros metais; objeto feito com esse tipo de metal. Usei o **ímã** para juntar os pregos.

ÍMPAR
ím-par
Quantidade que não se agrupa em par. O número 3 é **ímpar**.

INCÊNDIO
in-**cên**-dio
Fogo espalhado que causa prejuízos. O **incêndio** destruiu a mata.

IMPRIMIR
im-pri-**mir**
Fazer cópia, geralmente por meio de máquina impressora; gravar; marcar. Você **imprimiu** o texto na impressora?

INCHAÇO
in-**cha**-ço
Aumento de parte de um corpo, devido a ferimento ou acúmulo de líquido; dilatação. O **inchaço** do cotovelo é por causa da batida.

IMAGINAR
i-ma-gi-**nar**
Formar uma imagem no pensamento. **Imagine** viver em um castelo encantado, que maravilha!

IMPULSO
im-**pul**-so
Força que provoca o movimento de algo. Com o **impulso**, o atleta deu um belo salto!

ÍNDIO
ín-dio
Povo e seus descendentes que já moravam nas Américas quando os europeus chegaram. Os **índios** convivem bem com a natureza.

INFANTIL
in-fan-**til**
Que se refere à criança; o que é feito para ou por crianças. O dia da vacinação **infantil** é no próximo sábado.

INFERIOR
in-fe-ri-**or**
Que está em posição abaixo, ou em menor quantidade ou qualidade. O vaso está na parte **inferior** da estante.

INFINITO
in-fi-**ni**-to
O que não tem fim. A ferrovia parecia **infinita**.

INFORMÁTICA
in-for-**má**-ti-ca
Ciência que estuda os computadores, seus programas e sistemas. Meu avô tem aulas de **informática**.

INGREDIENTE
in-gre-di-**en**-te
Cada um dos elementos de uma receita. A cozinheira separou os **ingredientes** do bolo.

INGRESSO
in-**gres**-so
Bilhete que dá direito a entrar em algum lugar. Meu tio comprou os **ingressos** para o circo.

INHAME
i-**nha**-me
Raiz arredondada, de casca grossa e escamosa, usada como alimento. Hoje, eu provei um cozido com **inhame**.

INIMIGO
i-ni-**mi**-go
Pessoa que deseja ou faz mal a alguém. Nas histórias, o vilão é um grande **inimigo**.

INJEÇÃO
in-je-**ção**
Remédio líquido aplicado em algumas partes do corpo de seres, com seringa e agulha. O enfermeiro aplicou uma **injeção** no rapaz doente.

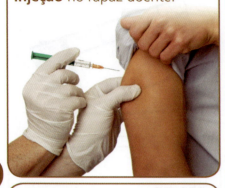

INSTRUMENTO
ins-tru-**men**-to
1. Aparelho usado na realização de tarefas manuais. O rastelo é um **instrumento** agrícola.

2. Instrumento musical, objeto usado para produzir som. O violão é seu **instrumento** musical favorito.

INTERNO
in-**ter**-no
Parte de dentro de algo. Agora, a pintura é na parte **interna** da casa.

INUNDAÇÃO
i-nun-da-**ção**
Enchente; alagamento. A caixa de água quebrou e causou uma **inundação** no banheiro.

INSETO
in-**se**-to
Pequeno animal invertebrado com asas, antenas e seis patas. A joaninha e a abelha são **insetos**.

INSTRUÇÃO
ins-tru-**ção**
Explicação para alguém aprender algo novo; o conhecimento que alguém tem. O técnico deu **instruções** ao aprendiz.

INTERNET
in-ter-**net**
Rede mundial de computadores com permissão para a pessoa se conectar, trocar informações e ter acesso a vários serviços. Fiz minha pesquisa pela **internet**.

INVENTAR
in-ven-**tar**
Criar ou descobrir algo que não existia. Vamos **inventar** um robô com sucata?

INVENTOR
in-ven-**tor**
Pessoa que inventa coisas. O **inventor** da lâmpada elétrica foi Thomas Edison.

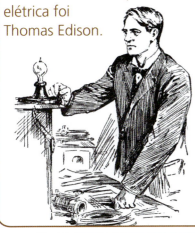

IRMÃO
ir-**mão**
Nascido dos mesmos pais ou de apenas um deles. Tenho um **irmão** e uma **irmã**.

JABUTICABA
ja-bu-ti-**ca**-ba
Fruto da jabuticabeira, de casca preta, polpa branca doce e suculenta. Colhi **jabuticabas** na jabuticabeira.

INVERTEBRADO
in-ver-te-**bra**-do
Animal que não possui coluna vertebral. A **lesma** é um animal invertebrado.

ISCA
is-ca
Pedaço de qualquer alimento usado para atrair e capturar um ser. O queijo é uma **isca** para capturar ratos.

JACA
ja-ca
Fruto da jaqueira, de casca rugosa, com gomos amarelados e doces. A **jaca** caiu da árvore.

IOIÔ
io-**iô**
Brinquedo formado por dois círculos unidos por um eixo e uma corda, que permite balançar para cima e para baixo. Segure a corda e solte o **ioiô**.

J j j

JABUTI
ja-bu-**ti**
Animal réptil de movimentos lentos, carapaça óssea arredondada. O **jabuti** anda devagar.

JACARÉ
ja-ca-**ré**
Animal réptil de cauda longa e boca grande, que vive em rios, lagos e pântanos e se alimenta de outros animais. Um **jacaré** se aproxima!

A B C D E F G H I **J** K L M N O P Q R S T U V W X Y Z

JAGUATIRICA
ja-gua-ti-**ri**-ca
Animal mamífero selvagem, com bela pelagem amarelada, que vive na mata e caça animais menores à noite. Eu vi uma **jaguatirica** no zoológico.

JANEIRO
ja-**nei**-ro
Primeiro mês do ano, com 31 dias. O ano começa em 1º de **janeiro**.

JANELA
ja-**ne**-la
Abertura em parede ou veículo, revestida de madeira, alumínio ou ferro, com vidro que permite a entrada de ar e luz.
Meu cachorro e eu olhávamos a paisagem pela **janela**.

JANGADA
jan-**ga**-da
Embarcação feita de madeira, com vela triangular, usada por pescadores, típica da Região Nordeste. Havia duas **jangadas** na praia.

JANTAR
jan-**tar**
Refeição feita usualmente no fim da tarde e à noite; ação de fazer essa refeição. A família se reúne para o **jantar**.

JEGUE
je-gue
Animal mamífero de focinho longo e orelhas grandes, menor do que um cavalo, usado para montaria ou puxar carroça; jumento; asno.
Aquele **jegue** espera a carga.

JOANINHA
jo-a-**ni**-nha
Inseto pequeno de corpo arredondado, em geral de colorido vivo e pontos pretos, e dois pares de asas. As **joaninhas** podem ser vermelhas, pretas, amarelas e verdes.

JOELHO
jo-**e**-lho
Articulação do osso da coxa com o osso da perna. Minha prima machucou o **joelho**.

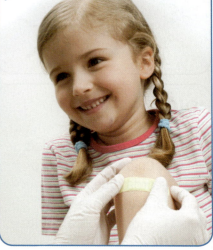

JOGAR
jo-**gar**
Participar de algum jogo, esporte ou entretenimento. As crianças **jogam** futebol.

70

JOGO
jo-go
Atividade física e mental recreativa ou profissional, em que os participantes seguem regras definidas. Para o **jogo** de xadrez, é preciso muita atenção.

JORNAL
jor-**nal**
Divulgação periódica de notícias, informações e reportagens por escrito ou por televisão, rádio ou internet. Papai lê o **jornal** todos os dias.

JORNALISTA
jor-na-**lis**-ta
Pessoa que escolhe e prepara as informações para serem transmitidas por escrito ou por noticiários de rádio e televisão. A **jornalista** preparou a matéria sobre a dengue.

JOVEM
jo-vem
Pessoa que não é mais criança e ainda não é adulto.
Os **jovens** são positivos.

JUDÔ
ju-**dô**
Arte marcial de origem japonesa, em que um lutador tenta derrubar e imobilizar o outro lutador. Assisti a uma competição de **judô.**

JULHO
ju-lho
Sétimo mês do ano, com 31 dias. Em 2 de **julho**, se comemora o Dia do Bombeiro.

JUNHO
ju-nho
Sexto mês do ano, com 30 dias. No dia 21 de **junho**, começa o inverno.

JUNTAR
jun-**tar**
Agrupar seres; unir, reunir; aproximar. A garota **juntou** seus brinquedos na prateleira.

JUSTIÇA
jus-**ti**-ça
Atividade de fazer cumprir a lei, o certo; o justo. A **justiça** brasileira garante os mesmos direitos a todos os cidadãos.

71

Kk

A letra K é usada principalmente em nomes de pessoas, lugares e abreviaturas, como, por exemplo: Kg (quilograma) e Km (quilômetro).

KART
kart
Veículo motorizado pequeno, de 4 rodas, usado na prática de corridas. Assisti a uma corrida de **kart**.

KETCHUP
ket-chup
Molho grosso e adocicado feito com tomate, para acompanhar sanduíches e outros pratos. As crianças gostam de batata frita com **ketchup**.

Ll

LÁBIO
lá-bio
Cada uma das duas partes - uma em cima, outra embaixo - na abertura da boca; beiço; beiçola. Meninas adoram passar batom nos **lábios**!

LABORATÓRIO
la-bo-ra-**tó**-rio
Lugar onde cientistas pesquisam com aparelhos próprios para cada ciência. No **laboratório** de Química da escola, tem vários equipamentos caros e úteis.

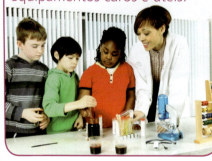

LAGO
la-go
Grande quantidade de água doce acumulada e cercada de terra. Na minha cidade, tem um **lago** muito lindo.

LÂMPADA
lâm-pa-da
Aparelho que produz luz, por eletricidade ou outro meio, usado para iluminar um lugar. As **lâmpadas** da classe estão acesas.

LANTERNA
lan-**ter**-na
1. Lâmpada elétrica portátil movida à pilha. Os escoteiros usam **lanterna** no acampamento.

2. Cada uma das luzes de um carro; farol. A **lanterna** do nosso carro está queimada.

LÁPIS
lá-pis
Instrumento feito de grafite ou subsância sólida colorida coberto com madeira, usado para escrever ou desenhar. Minha irmã usa **lápis** de cor em seus desenhos.

LARANJA
la-**ran**-ja
1. Fruto da laranjeira, de cor amarela por fora e gomos com bastante caldo por dentro. A **laranja** é rica em vitamina C e dá um suco delicioso.

2. A cor da fruta. O céu fica **laranja** ao amanhecer.

LAVAR
la-**var**
Usar água ou outro líquido para limpar, com sabão, detergente ou sabonete. Todos precisam **lavar** as mãos antes das refeições.

LEÃO
le-**ão**
Animal mamífero selvagem que se alimenta de outros animais, tem o pêlo amarelado e uma grande juba em volta do pescoço. O **leão** é o rei da floresta.

LEGENDA
le-**gen**-da
1. Explicação curta perto de foto ou desenho. A **legenda** da foto na revista está apagada.

2. Letreiro com a tradução das falas de cada personagem em filme estrangeiro. A **legenda** do filme era em português.

LEGUME
le-**gu**-me
Planta inteira ou parte dela usada como alimento cozido ou cru. Eu gosto de todos os **legumes**!

LEITE
lei-te
Líquido branco produzido por fêmeas mamíferas e mulheres, que amamentam seus bebês. O **leite** é importante na alimentação das crianças.

LER
ler
Reconhecer as letras e entender o sentido das palavras. Que maravilha, já sei **ler**!

LETRA
le-tra
1. Cada um dos sinais escritos que representam o alfabeto de uma língua. Brasil começa com a **letra** B.

2. Os versos de uma música cantada. Todos aprendemos a **letra** da canção.

3. O modo como a pessoa escreve. A **letra** de minha professora é bonita.

LEVE
le-ve
Com pouco peso em relação a outros seres. A pena do passarinho é muito **leve**.

LIBRAS
li-bras
Língua Brasileira de Sinais, usada por pessoas surdas ou mudas. Este é o alfabeto em libras.

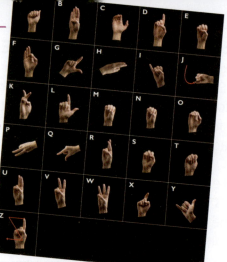

LIVRO
li-vro
Conjunto de folhas de papel com capa e presas de um lado, como o caderno, que pode conter textos e imagens. Nossa biblioteca tem muitos livros.

LIMÃO
li-mão
Fruto do limoeiro com casca geralmente verde e sabor azedo, rico em vitamina C. Com limão galego, fazemos um suco gostoso.

LÍQUIDO
lí-qui-do
Tudo o que escorre sem forma fixa e se ajeita nos espaços onde é colocado. A água é um líquido precioso à vida de todos os seres.

LIXO
li-xo
Tudo o que é inútil ou que já está estragado, mas que pode ser reciclado; o que se joga fora, depois de varrer o chão. As latinhas de refrigerantes do cesto de lixo foram recicladas.

LISTA
lis-ta
1. Relação de nomes ou coisas por escrito. Esta é a lista do supermercado!

2. Tira de larguras diferentes; listra; risca. O pijama do meu primo é de listas.

LÍNGUA
lín-gua
1. Conjunto de palavras e regras de uso de um povo; idioma. O dicionário de Língua Portuguesa nos ajuda a entender as palavras.

2. Órgão móvel dentro da boca, responsável pelo paladar e auxiliar na mastigação e na fala. A língua para fora mostra que o cachorro tem sede.

LOBISOMEM
lo-bi-so-mem
Segundo a lenda, é um homem que se transforma em lobo em noites de lua cheia. Já assisti ao filme do lobisomem.

74

LOBO
lo-bo
Animal mamífero selvagem parecido com um cachorro, vive em bandos e se alimenta de outros animais. O **lobo** uivou durante a noite.

LOJA
lo-ja
Lugar onde são vendidos diferentes objetos. Meu tio trabalha na **loja** de materiais de construção.

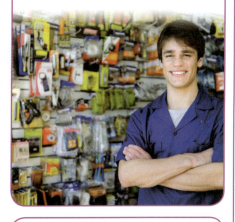

LONGE
lon-ge
A uma grande distância de lugar ou de tempo. O Japão é **longe** do Brasil.

LUA
lu-a
Satélite que gira em volta da Terra e recebe luz do Sol. Que linda noite de **lua** cheia!

LUGAR
lu-gar
1. Posição de um ser em relação a outros. Fiquei em primeiro **lugar** na corrida.

2. Espaço de cada coisa. Os brinquedos devem ser guardados cada um em seu **lugar**.

LULA
lu-la
Animal marinho com corpo em forma de tubo e 10 braços.
Vi uma **lula** enorme no aquário municipal.

LUPA
lu-pa
Lente, geralmente com cabo, que aumenta bastante o tamanho dos seres. O detetive usa **lupa** para encontrar pistas.

LUZ
luz
Energia que ilumina de forma natural, como a do sol, ou por meios criados pelo homem, como a luz de velas ou lâmpadas. O jantar da família foi à **luz** de velas.

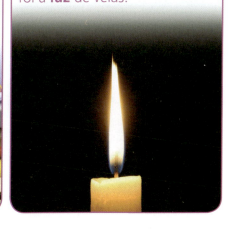

Mmmm

A B C D E F G H I J K L M N O P Q R S T U V W X Y Z

MAÇÃ
ma-**çã**
Fruto da macieira, tem casca fina e polpa branca. Em casa, comemos **maçãs** verdes e vermelhas.

MACACO
ma-**ca**-co
Animal mamífero de corpo coberto por pelos, braços compridos e que usa bem as mãos. Há vários tipos de **macacos** no mundo todo.

MACHO
ma-cho
Qualquer animal do sexo masculino. O leão é o **macho** da leoa.

MACHUCADO
ma-chu-**ca**-do
Ferida, arranhão ou batida que causa dor. A menina fez um **machucado** no joelho.

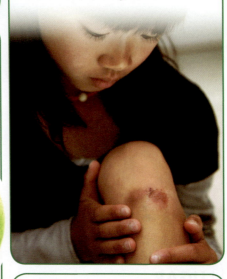

MÃE
mãe
Mulher ou fêmea que deu à luz ou cria filhos. A **mãe** está encantada com seu bebê.

MAGIA
ma-**gi**-a
O que ocorre no mundo da fantasia e é impossível de acontecer na realidade. Alguns personagens de histórias infantis encantam as crianças com sua **magia**.

MAGO
ma-go
Personagem que usa magia; feiticeiro; bruxo. O **mago** fez um gesto e luzes saíram de sua varinha.

MAGRO
ma-gro
Aquele que é fino e leve em relação a sua altura; sem gordura. Aquela moça é bem **magra**.

MAIO
maio
Quinto mês do ano, com 31 dias. No segundo domingo de **maio,** comemoramos o dia das mães.

76

MAMÃO
ma-**mão**
Fruto comestível do mamoeiro, com polpa alaranjada, macia e doce. O **mamão** estava maduro.

MANHÃ
ma-**nhã**
Período do nascer do sol até o meio do dia. Espreguicei-me hoje de **manhã**.

MÃO
mão
1. Lado, direção. Cuidado! Esta rua tem duas **mãos** de trânsito.

MAMÍFERO
ma-**mí**-fe-ro
Animal vertebrado que alimenta seus filhotes com leite produzido pela mãe. Cachorros são animais **mamíferos**.

MANTEIGA
man-**tei**-ga
Alimento amarelado produzido a partir da nata do leite. Em casa, comemos pão com **manteiga** de manhã.

2. Parte final dos membros superiores, com grande capacidade para movimentos diversos e para o sentido do tato. Temos cinco dedos em cada **mão**.

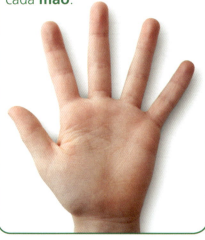

MANGA
man-ga
1. Fruto comestível da mangueira, com casca grossa, grande caroço com fibras e polpa amarelada, macia e doce. Esta fatia de **manga** está bem doce!

2. Parte de vestimenta que cobre o ombro e o braço. No frio, usamos camisetas de **mangas** compridas.

MANUAL
ma-nu-**al**
1. Livro que explica uma ciência, uma arte ou o funcionamento de algum aparelho. A cozinheira leu o **manual** do fogão novo.

2. Trabalho feito com as mãos. O tricô é um trabalho **manual**.

MAPA
ma-pa
Desenho que representa em tamanho menor o todo ou uma parte do nosso planeta: país, cidade ou bairro. Localizamos o Brasil no **mapa** múndi.

MÁQUINA
má-qui-na
Aparelho com o qual se faz alguma coisa. Usamos várias **máquinas** em casa e no trabalho.

MAR
mar
Grande quantidade de água salgada que cobre a maior parte da Terra; oceano. Os pescadores saem ao **mar** todos os dias.

MARCENEIRO
mar-ce-**nei**-ro
Pessoa que faz móveis e objetos de madeira. O **marceneiro** fez o armário da cozinha.

MARÇO
mar-ço
Terceiro mês do ano, com 31 dias. Você sabia que o outono começa em 20 de **março**?

MARIONETE
ma-ri-o-**ne**-te
Boneco movido por fios, usado principalmente em teatros. Assistimos à peça de teatro de **marionetes** "O palhacinho perdido".

MARROM
mar-**rom**
Cor da terra. A terra tem vários tons de **marrom**.

MARTELO
mar-**te**-lo
Instrumento usado para colocar ou tirar pregos de uma superfície. O pedreiro procura o **martelo**.

MÁSCARA
más-ca-ra
Objeto usado para proteger o rosto, ou como fantasia e disfarce. A turma fez **máscaras** na aula de arte.

MASCULINO
mas-cu-**li**-no
Relacionado ao homem ou a outro ser macho. Os homens vão ao banheiro **masculino**.

MATEMÁTICA
ma-te-**má**-ti-ca
Ciência que estuda os números, as formas e as maneiras como se combinam e relacionam. Aprendemos a somar e multiplicar na aula de **matemática**.

78

MECÂNICO
me-**câ**-ni-co
Pessoa que conserta motores, como carros, caminhões e máquinas em geral.
O **mecânico** conserta o automóvel.

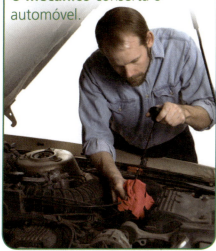

MEDO
me-do
Sentimento ou preocupação diante de perigo ou ameaça real ou da imaginção.
Fiquei com muito **medo**!

MELANCIA
me-lan-**ci**-a
Fruto da melancieira, grande, com casca grossa e verde, polpa macia e vermelha.
Melancia gelada é refrescante no calor!

MÉDICO
mé-di-co
Pessoa que estudou medicina e cuida da saúde das pessoas.
O **médico** trabalha no posto de saúde.

MEIA
mei-a
Peça de roupa usada para cobrir os pés e parte das pernas. As **meias** coloridas secam no varal.

MÊS
mês
1. Cada uma das 12 partes do ano. O ano tem doze **meses**.

2. Período de 30 dias. A viagem levou 1 **mês**.

MEDIR
me-**dir**
Verificar o tamanho de um ser; tirar a medida. Meu irmãozinho **mediu** minha altura.

MEL
mel
Substância doce fabricada pelas abelhas e usada como alimento. Comer **mel** faz bem à saúde.

METADE
me-**ta**-de
Cada uma das 2 partes iguais em que se divide algo. Dividimos o mamão na **metade**.

79

METAL
me-**tal**
Substância geralmente sólida, sensível ao calor e à eletricidade. Cobre, prata e ouro são **metais**.

MILHO
mi-lho
Cereal que nasce em espigas, com pequenos grãos amarelos, usado ao natural ou transformado em farinha e óleo. A pamonha e o cural são feitos de **milho**.

MINERAL
mi-ne-**ral**
Substância geralmente sólida que aparece na forma de pedras: tudo o que não é vegetal nem animal. Água, pedras e ferro são **minerais**.

MINHOCA
mi-**nho**-ca
Animal invertebrado que rasteja, usado para deixar a terra fértil e como isca de pesca. A terra da horta é boa porque tem muitas **minhocas**.

MINUTO
mi-**nu**-to
Período de tempo com duração de 60 segundos. Papai fez o suco em 2 **minutos**.

MISTÉRIO
mis-**té**-rio
Aquilo que nos causa espanto, por não ter uma explicação muito fácil de entender. O mágico fez um gesto e... **mistério**: apareceu um coelho!

MOLUSCO
mo-**lus**-co
Animal invertebrado com corpo mole, que vive na água ou na terra. O polvo é um **molusco** marinho.

MONSTRO
mons-tro
Personagem da imaginação, assustador e que faz maldade. A máscara de **monstro** assustou as crianças.

MONTANHA
mon-**ta**-nha
Monte muito alto. Os alpinistas escalaram a **montanha**.

MORCEGO
mor-**ce**-go
Animal mamífero que voa durante a noite, pois não gosta de luz. A maioria come frutas, mas alguns se alimentam de sangue de outros animais. O **morcego** é o único mamífero voador.

MOTOCICLETA
mo-to-ci-**cle**-ta
Veículo motorizado com duas rodas; moto. Dirigir uma **motocicleta** requer atenção.

MOTOR
mo-**tor**
Parte de uma máquina que a faz funcionar. O **motor** do carro quebrou.

MULHER
mu-**lher**
Ser humano do sexo feminino. Em 8 de março, se comemora o Dia da **Mulher**.

MULTIPLICAR
mul-ti-pli-**car**
1. Aumentar em quantidade ou valor; fazer crescer. As ovelhas se **multiplicaram**.

2. Realizar a operação de multiplicação. **Multiplicar** 7 por 6 é igual a 42.

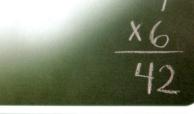

MUNDO
mun-do
O planeta Terra. Nosso **mundo** tem partes cobertas por nuvens e outras não.

MÚSCULO
mús-cu-lo
Cada um dos órgãos do corpo que permite movimentos variados. Usamos os **músculos** das pernas e pés para correr.

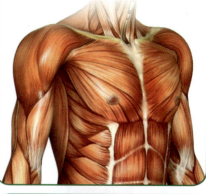

MUSEU
mu-**seu**
Lugar onde são estudados, organizados e expostos objetos de valor para uma ciência, cultura ou arte. Fomos ao **museu** ver uma exposição de pintura.

MÚSICA
mú-si-ca
Conjunto de sons agradáveis, produzidos por instrumentos ou pela voz. Conseguimos sentir o ritmo da **música**.

Nn

NADAR
na-**dar**
Movimentar-se com braços e pernas dentro da água, sem se afogar. Em nossa escola, aprendemos a **nadar**.

NARIZ
na-**riz**
Parte do rosto entre a testa e a boca, com duas aberturas, chamadas narinas, por onde respiramos. É o principal órgão do sentido do olfato. Meu **nariz** coçava.

NARRAÇÃO
nar-ra-**ção**
História ou fato contado com palavras, escritas ou faladas. Na aula de língua portuguesa, todos leram uma **narração** sobre o folclore brasileiro.

NASCER
nas-**cer**
Começar a vida quando sai da barriga da mãe ou da casca do ovo. No caso dos vegetais, o fato de começar a brotar ou germinar. Que lindo! **Nasceu** meu feijoeiro!

NATUREZA
na-tu-**re**-za
Conjunto de todos os seres que não foram criados pelo homem. Como a **natureza** é maravilhosa!

NAVIO
na-**vi**-o
Grande embarcação que transporta pessoas e cargas por mares ou rios. Nas férias, viajamos de **navio**.

NEGOCIANTE
ne-go-ci-**an**-te
Pessoa que faz negócios, comprando ou vendendo; comerciante. A vendedora é uma ótima **negociante**.

NEGRO
ne-gro
1. Cor preta. **Negra** é a cor do carvão.

2. Pessoa de pele escura; afrodescendente. Os **negros** estão cada vez mais atuantes na sociedade.

NERVOSO
ner-**vo**-so
1. Pessoa sem paciência, que se irrita com facilidade. Aquele cão está **nervoso**, que medo!

2. Tudo o que se relaciona com os nervos, que transmitem mensagens ao cérebro. Nosso colega tem um problema no sistema **nervoso**: não anda mais.

82

NEVE
ne-ve
Vapor que se congela durante o inverno e cai em forma de flocos de gelo. Brinquei na **neve** durante a viagem.

NINHO
ni-nho
Lugar construído pelas aves, onde depositam seus ovos e esperam o nascimento de seus filhotes. O **ninho** tem 3 ovinhos.

NÓ
nó
Tipo de laçada bem apertada, feita com fita, corda ou outro material. O pescador dá um **nó** na corda do barco.

NOITE
noi-te
Período de tempo durante o qual o sol não está visível. Vai do entardecer até o amanhecer. Você viu a lua desta **noite**?

NOME
no-me
Palavra usada para se chamar cada ser. O **nome** desta flor é margarida.

NOTÍCIA
no-**tí**-cia
Informação sobre um fato, escrita ou falada. Vi pela televisão a **notícia** da inauguração do novo parque na cidade.

NOVE
no-ve
Correspondente ao número 9. Meu irmão fez **nove** anos!

NOVEMBRO
no-**vem**-bro
Décimo primeiro mês do ano, tem 30 dias. Em **novembro**, tem dois feriados.

NÚMERO
nú-me-ro
Palavra ou sinal gráfico que representa uma quantidade. Já aprendemos todos os **números** de 0 a 9!

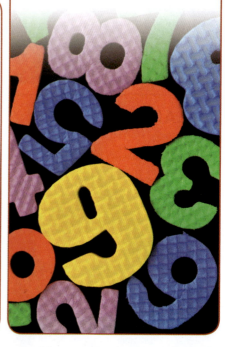

A
B
C
D

NUTRITIVO
nu-tri-**ti**-vo
Tudo o que alimenta com qualidade e faz bem à saúde. O peixe é um alimento muito **nutritivo**.

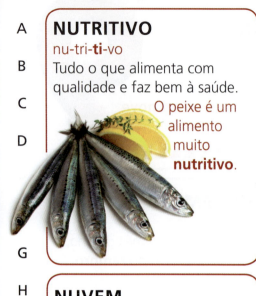

ÓCULOS
ó-cu-los
Instrumento de duas lentes montadas em uma armação, que se coloca em frente aos olhos, com apoio nas orelhas. Estes **óculos** protegem meus olhos da claridade.

OLFATO
ol-**fa**-to
Sentido que permite o reconhecimento de cheiros. O **olfato** é sentido pelo nariz.

G
H
I
J
K
L
M

NUVEM
nu-vem
Massa branca ou cinza que se vê da terra no céu, formada por gotas de água evaporada de rios e mares. Quando está muito carregada, volta à terra em forma de chuva. Aquela **nuvem** tem uma forma diferente, que bonita!

OITO
oi-to
Correspondente ao número 8. Meu grupo é de **oito** pessoas.

OLHO
o-lho
Órgão responsável pelo sentido da visão, usado para ver. Seu **olho** esquerdo enxergava através da lupa.

N
O
P
Q
R
S

ÓLEO
ó-leo
Líquido gorduroso que se extrai de animais, vegetais e minerais. Fritei as batatas com **óleo** de milho.

OLIMPÍADA
o-lim-**pí**-a-da
Conjunto de competições esportivas de várias modalidades realizadas de 4 em 4 anos, a cada vez em uma parte do mundo. A **Olimpíada** é um momento de confraternização entre os povos.

T
U
V
W
X
Y
Z

OCEANO
o-ce-**a**-no
Grande extensão de água salgada. O Brasil é banhado pelo **oceano** Atlântico.

Oceano Atlântico

84

OMBRO
om-bro
Parte do tronco que une o pescoço e os membros superiores. O **ombro** do menino estava dolorido.

ONTEM
on-tem
Dia antes de hoje. Tomei sorvete **ontem** à noite.

ONTEM
HOJE
AMANHÃ

ORELHA
o-**re**-lha
Parte externa do órgão da audição. O menino pôs a mão perto da **orelha** para ouvir melhor.

ONÇA
on-ça
Animal mamífero selvagem, de grande porte, cabeça arredondada, e que se alimenta de outros animais. A **onça** vive nas matas.

OPINIÃO
o-pi-ni-**ão**
Modo de pensar de cada pessoa. A criança deu sua **opinião** durante a roda de leitura.

ORIENTAR
o-ri-en-**tar**
1. Dizer como fazer algo. O professor **orientou** o aluno na lição.

2. Mostrar a alguém o caminho a seguir. O pai **orienta** a filha a chegar ao bebedouro.

ÔNIBUS
ô-ni-bus
Veículo grande para transporte de pessoas, com trajeto fixo por ruas e estradas. Papai vai de **ônibus** para o trabalho.

OPOSTO
o-**pos**-to
Contrário. Seus tamanhos são **opostos**: o rato é pequeno e o elefante é grande.

ORQUESTRA
or-**ques**-tra
Conjunto formado por músicos e instrumentos musicais. A plateia aplaudiu em pé a **orquestra**.

OSSO
os-so
Cada uma das partes duras que forma o esqueleto dos vertebrados. O esqueleto de dinossauro tem muitos **ossos**.

OUTUBRO
ou-**tu**-bro
Décimo mês do ano, com 31 dias. No dia 15 de **outubro**, comemora-se o Dia do Professor.

OUVIDO
ou-**vi**-do
Órgão responsável pelo sentido da audição, usado para ouvir sons. Minha irmã contou um segredo no meu **ouvido**.

OVO
o-vo
Corpo que contém novo ser em formação e que fica dentro das fêmeas de aves, répteis e anfíbios. A galinha botou esses **ovos**.

Pp

PÁ
pá
Instrumento largo, preso a um cabo, usado para fazer buracos ou colher objetos do chão. Quebrei a xícara! Agora, limpo com a **pá** de lixo.

PAGAR
pa-**gar**
Dar dinheiro em troca de trabalho, objeto ou para acertar uma dívida. Minha mãe **pagou** pelas frutas que comprou.

PÁGINA
pá-gi-na
1. Cada um dos lados de uma folha de livro ou caderno. Este livro de contos de fada tem muitas **páginas**.

2. O mesmo que *site*. Visitei na internet a **página** Domínio Público do Ministério da Educação.

PAI
pai
Aquele que gera ou cria um filho. O **pai** brinca com seu filhinho.

PAÍS
pa-**ís**
Território limitado, onde vive um povo em sociedade com seu próprio governo e leis. Nosso **país** fica na América do Sul.

PALADAR
pa-la-**dar**
Sentido que permite diferenciar sabores; gosto. Meu tio tem bom **paladar** para os chás.

PALAVRA
pa-**la**-vra
Conjunto de letras colocadas em ordem e que tem um sentido. Com as letras da **palavra** AMOR, posso escrever outra **palavra**: ROMA.

PALCO
pal-co
Lugar onde se faz uma apresentação, em teatro ou outro espaço. O **palco** vazio parece maior!

PALHAÇO
pa-**lha**-ço
Pessoa que usa roupa colorida, pintura no rosto, faz e fala coisas engraçadas para outros rirem. O **palhaço** fez todos darem gostosas gargalhadas.

PALMEIRA
pal-**mei**-ra
Árvore de tronco alto e sem galhos, com folhas saindo diretamente dele. Algumas dão frutos, como o coqueiro. As **palmeiras** fazem sombra na praia.

PANELA
pa-**ne**-la
Recipiente de metal ou de barro, onde se coloca o alimento para cozinhar. O que tem dentro da **panela**?

PÂNTANO
pân-ta-no
Região de pouca profundidade em que a terra está sempre alagada, com fauna e flora típicas. Há cobras e rãs no **pântano**.

PÃO
pão
Alimento feito com farinha, água e fermento, assado em forno. O **pão** ainda está quente.

87

PAPAGAIO
pa-pa-**gai**-o
1. Ave com penas coloridas, bico curvo, capaz de imitar a voz humana. O **papagaio** repete tudo o que ouve falar.

2. Pandorga; pipa. Que lindo aquele **papagaio** tão alto no céu!

PAPEL
pa-**pel**
1. Folha fabricada com fibra de vegetais, usada para escrever, desenhar, embrulhar. Todo aquele **papel** será reciclado.

2. O que cada ator deve representar; personagem representado por um ator. A professora fez o **papel** de fada.

PAR
par
1. Quantidade que se agrupa de dois em dois, sem sobrar. O número 8 é **par**.

2. Conjunto de dois seres; casal. Vovô e vovó fazem um lindo **par**!

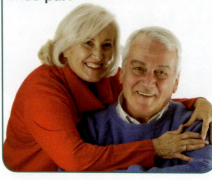

PARABÉNS
pa-ra-**béns**
Gestos ou palavras usados para cumprimentar ou elogiar alguém. A professora deu os **parabéns** à aluna.

PARAQUEDAS
pa-ra-**que**-das
Aparelho feito de tecido resistente, usado para proteger a queda de um corpo de alta distância. No Dia da Aviação, fizeram uma apresentação com **paraquedas** em nossa cidade.

PARENTE
pa-**ren**-te
Pessoa da mesma família: avós, tios, primos, sobrinhos. Quando todos os **parentes** se reúnem, vemos como a família é grande!

PARLENDA
par-**len**-da
Rima com versos curtos, usada em brincadeiras infantis. "Um dois, feijão com arroz. Três quatro, feijão no prato..." - é a **parlenda** mais antiga que conheço.

PARQUE
par-que
1. Local público e gratuito com árvores e espaço para passear, correr, jogar e brincar. A prefeitura fez um novo **parque** na cidade.

2. Local pago para diversão de crianças e adultos; parque de diversão. Às vezes, vamos ao **parque** de diversão, andar na roda-gigante.

PASSAGEIRO
pas-sa-**gei**-ro
1. Pessoa que usa veículo de transporte. No avião, há mais de 100 **passageiros**.

2. O que não é permanente nem definitivo. O temporal foi **passageiro**.

PÁSSARO
pás-sa-ro
Ave. O gavião é uma **pássaro** muito veloz.

PASTA
pas-ta
1. O mesmo que dentifrício, pasta de dente. Usamos escova e **pasta** de dente várias vezes por dia.

2. Mistura de pó com líquido; massa, como a de macarrão. O cozinheiro prepara a **pasta** com molho de tomate.

3. Objeto onde se podem guardar papéis ou documentos; bolsa. Papai tem uma **pasta** de couro.

PATA
pa-ta
1. Cada um dos pés dos animais. O filhote de leão lambe a **pata**.

2. A fêmea do pato. A **pata** deixou os patinhos no cesto.

PATIM
pa-**tim**
Calçado com lâmina ou rodas em sua sola, que permitem o deslizar dos pés pelo gelo ou outra superfície. Para andar de **patins** é preciso equilíbrio.

PATINETE
pa-ti-**ne**-te
Veículo com duas rodas pequenas embaixo de uma prancha de metal ou madeira, com um cabo que sustenta a direção. No meu aniversário, ganhei um **patinete**.

PATO
pa-to
Ave aquática, com pernas e pescoço curtos, bico achatado e parte de seus pés ligados por uma pele. O **pato** tem duas patas.

89

PAVÃO
pa-**vão**
Ave doméstica com cabeça fina e uma linda cauda de cores vivas que se abre, formando um leque. As penas da cauda do **pavão** têm cores especiais.

PEDESTRE
pe-**des**-tre
Pessoa que anda a pé. É importante atravessar a rua na faixa de **pedestres**.

PAZ
paz
1. Sensação de tranquilidade e bem-estar. Vivemos em **paz** com as pessoas.

2. Contrário de guerra. Os habitantes do país não querem guerra, preferem **paz**.

PEÃO
pe-**ão**
1. Trabalhador da zona rural que cuida de animais e doma cavalos ou touros. O **peão** domou um cavalo selvagem.

2. Peça do jogo de xadrez. No xadrez, os **peões** ficam na frente das outras peças.

3. Trabalhador em construção civil. A obra perto de casa contrata **peões** para trabalho geral.

PEDRA
pe-dra
Rocha ou outro mineral muito duro. As **pedras** dos rios podem ficar mais lisas.

PÉ
pé
1. Parte do corpo de animais e humanos situada abaixo da perna, que serve de apoio para andar e se equilibrar em posição vertical. Cruzo os **pés** quando descanso.

2. Parte de um móvel que o sustenta. Os **pés** da mesa são de madeira.

PEDREIRO
pe-**drei**-ro
Pessoa que trabalha na construção de diferentes tipos de imóveis: casa, prédio, escola. O **pedreiro** sempre usa capacete.

PEGADA
pe-**ga**-da
Marca de pé ou de pata deixada por onde se anda. Achamos essas **pegadas** na areia.

PEITO
pei-to
1. Seios; mama nas mulheres. O bebê mama leite do **peito** da mamãe.

2. Parte da frente do corpo onde ficam o coração e as costelas, vai do pescoço até o começo do abdome. O **peito** do menino estava descoberto.

PEIXE
pei-xe
Animal aquático vertebrado muito utilizado como alimento, pode ter o corpo coberto por escamas. Os **peixes** nadavam juntos no lago.

PELE
pe-le
Tecido que cobre o corpo de animais. Devemos passar protetor solar para não queimar a **pele**.

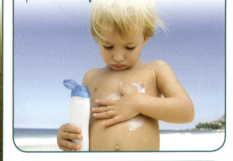

PELO
pe-lo
Fios finos que crescem sobre a pele dos humanos. Nos animais, os fios do pelo são mais grossos e longos. Os **pelos** dos meus braços são pretos.

PENA
pe-na
1. Sentimento de tristeza por algum motivo; dó. Todos sentem **pena** de animais abandonados.

2. Peça de diferentes cores e tamanhos que cobre a pele de aves; pluma. A **pena** do pássaro flutuou no ar.

PENTE
pen-te
Instrumento com pontas próximas umas das outras usado para arrumar os cabelos. O cabeleireiro tem vários **pentes**.

PEPINO
pe-**pi**-no
Legume comprido com casca verde e polpa clara com sementes, comido cru em saladas. Fatiamos os **pepinos** para fazer a salada.

PEQUENO
pe-**que**-no
De pouco tamanho ou peso; contrário de grande. Nos briquedos, são usados parafusos **pequenos**.

PERA
pe-ra
Fruto da pereira de casca fina e verde, com forma arredondada em uma das pontas e mais fina e comprida perto do cabo. A **pera** é uma fruta saborosa e rica em vitaminas.

PERNA
per-na
Parte do corpo que fica entre o joelho e o tornozelo; nome popular de todo o conjunto formado por coxa e perna. Minha prima engessou a **perna**.

PERCUSSÃO
per-cus-**são**
Instrumento musical que produz som quando se bate nele. Meu tio toca **percussão** na banda.

PERDOAR
per-do-**ar**
Desculpar ou dar o perdão a alguém por ter feito algo errado. Mamãe **perdoou** meu irmão por ter quebrado o vaso.

PERSONAGEM
per-so-**na**-gem
Ser que faz parte de uma história. Chapeuzinho Vermelho é uma **personagem** conhecida.

PERDER
per-**der**
1. Ficar sem algo que tinha. **Perdi** meu boné durante o passeio.

2. Não ter a vitória em um jogo. Nosso time **perdeu** de 3 a 0, que pena!

3. Reduzir ou diminuir a capacidade para fazer algo. O carro amarelo **perdeu** velocidade.

PERÍODO
pe-**rí**-o-do
Espaço de tempo entre duas datas; momento ou prazo para se fazer alguma coisa. O **período** de colheita dos girassóis começa agora.

PERTO
per-to
A pouca distância de lugar ou tempo; próximo; contrário de longe. Nossa casa é **perto** do rio.

92

PESADO
pe-**sa**-do
Com muito peso em relação a outros seres. O contrário de leve. Esta pilha de livros está **pesada**!

PESCAR
pes-**car**
Apanhar peixe ou outro animal aquático com vara e anzol, com rede ou outros meios. Meu vizinho **pescou** um peixe grande.

PESCOÇO
pes-**co**-ço
Parte do corpo que fica entre o tronco e a cabeça. Mostrei o **pescoço** para o médico.

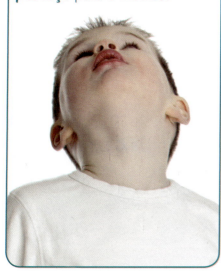

PESQUISA
pes-**qui**-sa
Estudo em busca de informação. Nós fizemos a **pesquisa** sobre mamíferos nos livros de ciências.

PÊSSEGO
pês-se-go
Fruto do pessegueiro, arredondado com casca alaranjada, pele macia como veludo e um caroço grande no meio da polpa. O suco de **pêssego** é muito saboroso e rico em vitaminas.

PIADA
pi-**a**-da
História curta e engraçada. A **piada** que contei para minha amiga é engraçada.

PIANO
pi-**a**-no
Instrumento musical com cordas e teclado onde se toca, para as cordas produzirem o som. Minha professora toca **piano** muito bem.

PIÃO
pi-**ão**
Brinquedo em forma circular e com uma ponta que o faz girar longamente, quando disparado por uma corda que o enrola. O **pião** faz um barulhinho gostoso quando gira.

PILOTO
pi-**lo**-to
Pessoa que dirige moto, carro de corrida, aeronave ou embarcação. Os **pilotos** precisam de muita atenção, com tantos botões no painel do avião.

PIMENTA
pi-**men**-ta
Fruto geralmente vermelho ou verde com sabor ardido e pequenas sementes dentro de sua casca sem polpa. Por engano, comi uma **pimenta** muito ardida!

PINGUIM
pin-**guim**
Ave marinha que vive em regiões frias, tem penas brancas no peito e pretas no resto do corpo. O **pinguim** é uma ave que não voa, mas nada muito bem.

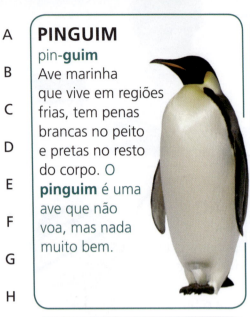

PINHA
pi-nha
1. Fruto comestível da pinheira com casca ondulada, polpa branca e muito doce com sementes pretas compridas dentro. Com a **pinha**, se pode fazer doces e sucos.

2. Fruto não comestível do pinheiro, usado como enfeite em festas natalinas. Enfeitamos com **pinhas** a porta de casa no Natal.

PINTURA
pin-**tu**-ra
1. Criar ou reproduzir figuras com tintas e pincéis em cores. Na aula de **pintura**, fizemos um quadro.

2. Maquiagem usada no rosto. As crianças adoram passar **pintura** no rosto.

3. Passar tinta em objetos. Nossa casa está precisando de uma **pintura**!

PIPA
pi-pa
Brinquedo com uma armação de varetas coberta com papel, onde se prende um fio de linha que serve para empiná-lo ao vento; pandorga, papagaio. Os meninos sabem fazer **pipas**.

PIQUENIQUE
pi-que-**ni**-que
Refeição feita ao ar livre. No domingo, fizemos um **piquenique** no parque.

PIRATA
pi-**ra**-ta
1. Pessoa de grupo que ataca e rouba navios durante a viagem. Fantasiei-me de **pirata** no carnaval.

2. Tudo o que não é original nem verdadeiro. Não compre produto **pirata**!

PISCINA
pis-**ci**-na
Tanque de tamanhos variados, com água, usado para natação, outros esportes ou brincadeiras. Em dias de calor, todos adoram um banho de **piscina**.

PITANGA
pi-**tan**-ga
Fruto da pitangueira, pequeno, vermelho e com uma pequena semente na polpa, também avermelhada. A **pitanga** é uma fruta muito comum no Brasil.

PLANTA
plan-ta
Ser vivo que nasce e se desenvolve sem sair do lugar, pode produzir folhas, flores e frutos. Há muitas **plantas** no jardim de nossa casa.

POLUIÇÃO
po-lu-**i**-ção
Qualquer forma de sujeira provocada pelo homem em um local. Nosso planeta está sofrendo com a **poluição** do mar, da terra e do ar.

PLACA
pla-ca
Objeto com desenho ou frase que serve para informar ou avisar as pessoas. Nos parques, há **placas** com o aviso: "Não jogue lixo no chão."

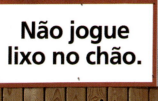

POLICIAL
po-li-ci-**al**
Pessoa que cuida da segurança dos seres e pertence à polícia. O **policial** toma conta de nossa rua.

POLVO
pol-vo
Molusco marinho comestível, com cabeça em forma de ovo e 8 membros, que solta uma tinta preta para se defender. Os mergulhadores viram um **polvo**.

PLANETA
pla-**ne**-ta
Corpo celeste sem luz própria. Visto do espaço, nosso **planeta** é azul.

POLPA
pol-pa
Parte macia e saborosa dos frutos comestíveis, geralmente com caroço ou semente. Com a **polpa** da melancia, se faz também um ótimo suco.

POMAR
po-**mar**
Terreno onde só se plantam árvores que dão frutos. No **pomar**, tem uma macieira carregada.

PONTE
pon-te
Construção usada para passar de um lado a outro sobre rios.
A **ponte** era tão pequena que só passava uma pessoa por vez!

PRAIA
prai-a
Faixa de areia à beira de mar, lago ou rio; litoral, costa.
No Brasil, há mais de 10 mil quilômetros de **praias** no litoral.

PORCO
por-co
1. Animal doméstico coberto de pelos grossos, com pernas curtas e focinho com narinas bem redondas; sua carne é comestível. O **porco** fugiu do chiqueiro.

2. Aquele que faz sujeira ou que vive em lugar sujo. Pessoas que não têm bons hábitos de higiene são chamadas de **porcas**.

PORTO
por-to
Lugar onde embarcações param para carregar ou descarregar pessoas e cargas. O **porto** recebe navios de carga e de passageiros.

PRANCHA
pran-cha
1. Pedaço de madeira grossa e larga usado para ligar uma embarcação à terra para as pessoas descerem ou subirem. Os passageiros descem do barco por uma **prancha** bem firme.

2. Tábua de material especial usada por sufistas para deslizar sobre a água. O surfista cuida bem de sua **prancha**.

PORTA
por-ta
Abertura na parede de um edifício ou veículo, por onde se pode entrar ou sair; peça de madeira ou outro material usada para abrir ou fechar essa abertura.
A **porta** da sala é antiga.

PRAÇA
pra-ça
Lugar público aberto e geralmente com árvores, bancos e brinquedos infantis. Brincamos ontem na **praça** do bairro.

PRATO
pra-to
1. Utensílio sobre o qual as pessoas comem. A pia estava cheia de **pratos** sujos.

2. O conteúdo do prato; a comida. O cardápio do restaurante tem ótimos **pratos** quentes.

PRÉDIO
pré-dio
Qualquer construção com vários andares de altura. O **prédio** do banco está quase pronto.

PREGO
pre-go
Peça de metal roliça com uma ponta bem fina e uma parte chata (a cabeça) do outro lado, usada para firmar ou segurar um objeto. Preciso do martelo para pregar este **prego**.

PRESENTE
pre-**sen**-te
1. Algo oferecido a alguém, geralmente embrulhado; agrado; lembrança. Ganhei um gatinho de **presente**.

2. O tempo em que se está; momento atual. No passado, ele era um bebê; no **presente**, é um lindo menino.

3. Ser que está aqui, contrário de ausente. Todos os alunos estão **presentes** hoje.

PREÇO
pre-ço
Valor em dinheiro para compra ou venda de algum objeto ou serviço. Por favor, qual é mesmo o **preço** da banana?

PRETO
pre-to
A cor mais escura; negro. O guarda-chuva é **preto**.

PRIMO
pri-mo
Parente próximo, filho de irmão ou irmã da mãe ou do pai, filho dos tios. Tenho 2 **primas**.

PRÍNCIPE
prín-ci-pe
Filho do rei, futuro rei; o feminino é princesa. Cinderela casou-se com o **príncipe**.

PROFESSOR
pro-fes-**sor**
Pessoa que ensina em escola ou outro espaço; mestre. Nossa **professora** é sabida!

PROPAGANDA
pro-pa-**gan**-da
Anúncio para vender ou tornar mais conhecido um produto. Há **propagandas** importantes para a saúde da população.

Cuidado com ele! Combata a Dengue

PULAR
pu-**lar**
Movimentar o corpo para cima, com o apoio dos pés; saltar. **Pulamos** alto na aula de dança.

PULMÃO
pul-**mão**
Cada um dos 2 órgãos situados dentro do tórax, que se movimenta como um fole e é responsável pela respiração. Os **pulmões** precisam de ar puro para nosso corpo.

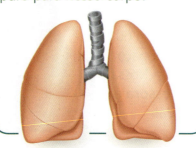

PULSO
pul-so
1. Região entre o antebraço e a mão no corpo humano; punho. Uso relógio no **pulso** esquerdo.

2. Movimento das batidas do coração. O enfermeiro sente o **pulso** do doente.

PUXAR
pu-**xar**
1. Fazer esforço para junto de si; mudar de lugar para mais perto. **Puxei** meu brinquedo com um barbante.

2. Ter semelhança com outro ser. Todos dizem que eu **puxei** ao meu pai.

QUADRADO
qua-**dra**-do
Forma que tem quatro lados iguais. Esta janela é **quadrada**.

QUADRIL
qua-**dril**
Parte de ligação das pernas com o resto do corpo. Ele mexe o **quadril** enquanto dança.

QUADRINHA
qua-**dri**-nha
Texto com 4 versos, muito usado em brincadeiras de roda. Gosto dessa **quadrinha**:
Um rato muito orgulhoso de um feio ratinho riu...
Mas veio o gato manhoso, deu-lhe um bote e... o engoliu.

QUARTO
quar-to
Parte da casa usada para dormir. Ela dorme em seu **quarto**.

QUEIMAR
quei-**mar**
1. Destruir algo com fogo. O fogo **queimou** parte da floresta.

2. Causar ferimento na pele por causa do calor excessivo ou fogo. **Queimei** minha mão na água quente.

3. Passar do ponto de cozimento. A carne **queimou**.

QUIABO
qui-**a**-bo
Legume verde, fino, comprido, com sementes brancas. Vovó preparou o **quiabo**.

QUATRO
qua-tro
Correspondente ao número 4. Os **quatro** amigos deitaram na cama.

QUILOGRAMA
qui-lo-**gra**-ma
Medida universal de peso; quilo. Sua abreviatura é kg. As cerejas são vendidas em **quilogramas**.

QUEIJO
quei-jo
Alimento produzido com uma massa feita a partir da nata do leite. Este **queijo** está cheio de buraquinhos.

QUEIXO
quei-xo
Parte do rosto que fica abaixo da boca. Enquanto pensava, eu segurava o **queixo** com a mão.

QUILÔMETRO
qui-**lô**-me-tro
Medida correspondente a mil metros. Sua abreviatura é km. O Brasil é um país de grandes distâncias: **quilômetros** e **quilômetros**.

a
b
c
d
e
f
g
h
i
j
k
l
m
n
o
p
q
r
s
t
u
v
w
x
y
z

QUINTAL
quin-**tal**
Parte externa da casa, geralmente nos fundos, usada para plantar, criar pequenos animais e brincar. Eu mesma cuido da horta no **quintal**.

RÃ
rã
Animal anfíbio sem cauda, com pele lisa, que vive tanto na terra quanto na água e se alimenta de insetos. As **rãs** se alimentam de insetos.

RÁDIO
rá-dio
Aparelho que recebe e envia sons. Ouço as músicas do **rádio**.

RAIO
rai-o
Descarga elétrica entre duas nuvens ou entre uma nuvem e o solo. Vi muitos **raios** durante a chuva.

RAIVA
rai-va
1. Sentimento de quem está muito irritado; ira, ódio. Todos sentem **raiva** quando o computador para.

2. Doença causada por vírus, transmitida pela mordida de animais, como cão, morcego e gato. Vacinamos cachorros contra a **raiva**.

RAIZ
ra-**iz**
Parte da planta que absorve água e sais minerais necessários a seu crescimento e desenvolvimento. As **raízes** fixam a planta no solo.

RAMPA
ram-pa
Plano inclinado que liga dois lugares de alturas diferentes. O cadeirante desceu a **rampa** com facilidade.

RARO
ra-ro
Algo difícil de encontrar. O tigre branco é um animal **raro**.

RASO
ra-so
Que tem pouca profundidade; o contrário de fundo. Fiquei na parte **rasa** da praia.

RATO
ra-to
Animal mamífero, roedor, de focinho estreito e cauda comprida. O **rato** transmite várias doenças.

RECICLAR
re-ci-**clar**
Aproveitamento e tratamento de material usado, para utilização em outro produto. Nosso prédio separa o lixo para **reciclar**.

RECIFE
re-**ci**-fe
Rochas que ficam perto da praia, fora ou dentro da água. Os **recifes** são perigosos para os barcos.

REDE
re-de
1. Tecido feito com fios entrelaçados, usado para dormir ou para pescar. Minha irmã descansa na **rede**.

2. Ligação entre conjunto de computadores; internet. Há muitas informações na **rede**.

RECADO
re-**ca**-do
Pequena mensagem oral ou escrita para alguém. Você quer deixar um **recado**?

RECIPIENTE
re-ci-pi-**en**-te
Objeto feito de vários materiais, usado para conter ou guardar algo. O **recipiente** está vazio.

RECEITA
re-**cei**-ta
1. Instruções para o preparo de um prato. Minha tia tem um caderno de **receitas**.

2. Lista de remédios escrita por médico para tratamento de um doente. A médica explicou a **receita** à paciente.

RECREIO
re-**crei**-o
1. Diversão. Ir ao zoológico é um **recreio**!

2. Intervalo entre as aulas na escola. Durante o **recreio**, tomamos lanche e brincamos.

REFEIÇÃO
re-fei-**ção**
Conjunto de alimentos consumidos diariamente. Cereal é parte da **refeição**.

REFEITÓRIO
re-fei-**tó**-rio
Lugar reservado para pessoas se sentarem à mesa e comerem. Os alunos almoçam no **refeitório** da escola.

RÉGUA
ré-gua
Instrumento de forma retangular, comprida, usado para medir distância entre dois pontos ou traçar linha reta. As crianças medem a mesa com **régua**.

RELACIONAMENTO
re-la-cio-na-**men**-to
Maneira de conviver com outras pessoas. Minha família têm um ótimo **relacionamento**.

REFLEXO
re-**fle**-xo
Imagem reproduzida em superfície polida, como espelho e vidro. O patinho viu seu **reflexo** no espelho.

REI
rei
Homem que governa um reino; quando mulher, tem o nome de rainha. A coroa do **rei** tem 3 pontas.

RELATO
re-**la**-to
Descrição oral ou escrita de um fato. A professora e os alunos ouviram o **relato** do meu primo.

RELÓGIO
re-**ló**-gio
Aparelho que marca o tempo e indica as horas. O **relógio** marca 8 horas e 50 minutos.

REGRA
re-gra
Indicação de comportamento, jogo ou escrita a ser seguida. O juiz garante as **regras** do jogo.

RELAÇÃO
re-la-**ção**
Proximidade entre dois ou mais seres. O grupo de jovens têm ótima **relação** de amizade.

REMÉDIO
re-**mé**-dio
Produto usado para combater mal-estar ou doença. Comprei o **remédio** na farmácia.

REMO
re-mo
Instrumento manual comprido e achatado na ponta, usado para movimentar embarcações. O pescador usa dois **remos** em sua canoa.

REPOLHO
re-**po**-lho
Verdura comestível de folhas verdes ou roxas sobrepostas. Vamos fazer uma salada de **repolho**?

REPORTAGEM
re-por-**ta**-gem
Texto falado ou escrito por jornalista, divulgado em jornal, revista, rádio, internet ou televisão. Você leu a **reportagem** sobre os computadores?

REPRESA
re-**pre**-sa
Barreira que impede a passagem da água do rio; a porção de água que se forma; açude; barragem; dique. Vamos visitar a **represa**?

REPRESENTAR
re-pre-sen-**tar**
1. Fazer lembrar algo. A pomba branca **representa** a paz.

2. Desempenhar o papel de um personagem como ator. **Representei** o príncipe encantado no teatro da escola.

3. Substituir uma pessoa, com sua autorização. A aluna **representou** a turma na apresentação.

REPRODUÇÃO
re-pro-du-**ção**
1. Processo pelo qual os seres vivos geram seus filhos. Na **reprodução** dos seres humanos, os bebês levam nove meses para nascer.

2. Cópia de objetos ou documentos. O artista fez a **reprodução** do quadro.

RÉPTIL
rép-til
Animal vertebrado com patas curtas, corpo coberto de escamas ou placas, que respira por pulmões e bota ovos; alguns deles não têm patas. O jacaré e a cobra são **répteis**.

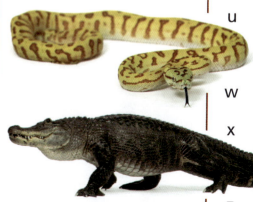

RESPEITO
res-**pei**-to
Sentimento de consideração por outra pessoa; obediência.
É preciso **respeito** com os mais velhos.

REVISTA
re-**vis**-ta
Conjunto de informações publicadas periodicamente em papel ou na rede de computadores. Na biblioteca, há muitas **revistas**.

RIR
rir
Produzir movimentos e sons que mostrem alegria. As crianças **riem** das macaquices.

RETÂNGULO
re-**tân**-gu-lo
Forma com 4 lados, 2 maiores e 2 menores. Cada tijolo da parede é um **retângulo**.

RINOCERONTE
ri-no-ce-**ron**-te
Animal mamífero grande, com pele dura e áspera, com um ou dois chifres no focinho. Que interessante, o **rinoceronte** tem 2 chifres de tamanhos diferentes!

ROÇA
ro-ça
Local fora da cidade, que pode ou não ter plantações; zona rural, campo. O agricultor mora na **roça**.

RETRATO
re-**tra**-to
Imagem reproduzida por desenho ou pintura.
Qual **retrato** devo escolher?

RIO
ri-o
Caminho de água que deságua no mar ou em outro rio.
O Amazonas é o maior **rio** do Brasil.

ROCHA
ro-cha
Mineral duro; pedra.
A montanha é formada por muitas **rochas**.

RODA
ro-da
1. Brincadeira em que as pessoas cantam e dançam em círculo. Ciranda é uma brincadeira de **roda** de que todos gostam.

2. Instrumento circular que gira em torno de um eixo para movimentar aparelho ou veículo. O monociclo tem uma **roda**.

ROSTO
ros-to
Parte da frente da cabeça, onde estão o queixo, a boca, o nariz, os olhos e a testa; face; cara. É importante passar protetor solar no **rosto** todos os dias.

RÓTULO
ró-tu-lo
Pedaço de plástico ou papel que explica o que é e para o que serve um objeto. A data de validade no **rótulo** do chocolate estava vencida.

ROXO
ro-xo
Cor que resulta da mistura do vermelho e do azul. Há muitas flores **roxas**.

ROSA
ro-sa
1. Flor da roseira, com muitas pétalas, cheiro agradável e de várias cores. A moça ganhou um belo buquê de **rosas** de seu namorado.

2. Cor que resulta da mistura do vermelho e do branco. Há vários tons de **rosa**.

ROUPA
rou-pa
Peça ou conjunto de peças de tecido usados para cobrir o corpo humano. A dentista usa **roupas** brancas.

RUA
ru-a
Caminho para circulação de pessoas e de veículos, dentro de uma cidade. É bom ter árvores na **rua**.

A
B
C
D

Sss

E
F
G
H
I
J
K
L
M
N
O
P
Q
R
S
T
U
V
W
X
Y
Z

SABÃO
sa-**bão**
Produto de limpeza, em barra, líquido ou em pó, usado para lavar. Usamos **sabão** em pó para lavar o chão da cozinha.

SABONETE
sa-bo-**ne**-te
Sabão com diferentes odores e formas, usado para a higiene pessoal. O **sabonete** líquido é cheiroso!

SACI
sa-**ci**
Personagem de lenda brasileira. Menino negro de uma perna só, que usa gorro vermelho, fuma cachimbo e assusta quem anda na floresta.
Na escola, a professora conta a história do **saci**.

SAIA
sai-a
Peça de roupa feminina que começa na cintura e cobre as pernas.
Minha tia veste uma **saia** cinza.

SAÍDA
sa-**í**-da
Passagem de dentro para fora de um local. Nos cinemas e teatros, as **saídas** estão bem sinalizadas.

SAL
sal
Substância em pequenos grãos, usada como tempero ou para conservar alimentos.
Pipoca com **sal** é melhor ou não é?

SALA
sa-la
Parte de uma casa ou escritório, consultório, escola onde pessoas se reúnem.
Deixei a **sala** bem arrumada.

SALADA
sa-**la**-da
Comida feita com verduras, legumes e frutos. Comer **salada** faz bem à saúde!

SALGADO
sal-**ga**-do
1. Que tem muito sal. A carne estava tão **salgada** que não conseguimos comer.

2. Que tem o gosto do sal. A água do mar é **salgada**.

SALTAR
sal-**tar**
Atravessar de um lugar a outro, passando por cima; pular.
A criança **saltou** a poça de água.

SANDUICHE
san-du-**í**-che
Pão aberto no meio e recheado com algum alimento.
Adoro **sanduíche** natural.

SANGUE
san-gue
Líquido vermelho que corre nas veias e artérias do corpo de humanos e muitos animais. Saiu **sangue** do meu machucado!

SAPATO
sa-**pa**-to
Calçado fechado, que veste e protege os pés. O **sapato** da professora é bonito!

SAPATEIRO
sa-pa-**tei**-ro
Pessoa que faz ou conserta sapatos. Levei meu sapato com a sola furada ao **sapateiro**.

SAPO
sa-po
Animal anfíbio sem cauda, com pele enrugada, que vive tanto na terra quanto na água e se alimenta de insetos.
Os olhos do **sapo** são grandes.

SAPOTI
sa-po-**ti**
Fruto do sapotizeiro, com casca fina e marrom, polpa doce e suculenta.
Experimentamos **sapoti** no sítio do meu amigo.

SATÉLITE
sa-**té**-li-te
1. Corpo celeste que gira em torno de um planeta principal. A lua é um **satélite** natural da Terra.

2. Aparelho colocado em órbita de um corpo celeste pelo homem. Hubble é um **satélite** artificial que tira fotos do universo.

SAUDÁVEL
sau-**dá**-vel
O que faz bem para a saúde ou tem boa saúde. Dormir cedo é **saudável**.

SECA
se-ca
1. Falta de chuva. O solo racha durante a **seca**.

2. Que está enxuta. A roupa no varal está **seca**.

SEGREDO
se-**gre**-do
Informação que não deve ser divulgada a outras pessoas. Minha melhor amiga me contou um **segredo**.

A B C D E F G H I J K L M N O P Q R S T U V W X Y Z

SEGUNDO
se-**gun**-do
1. Ser que ocupa o lugar número 2 numa fila. A garota de cabelos castanhos chegou em **segundo** lugar.

2. Período de tempo que forma o minuto. Um minuto tem 60 **segundos**.

SEMÁFORO
se-**má**-fo-ro
Sinal luminoso de trânsito, destinado a orientar o movimento dos veículos e pedestres em ruas; farol; sinaleiro. Já aprendemos: no **semáforo**, a luz vermelha é para parar.

SEMENTE
se-**men**-te
Parte da planta, em geral fica dentro do fruto e, plantada, faz nascer uma nova planta. As **sementes** de feijão germinaram!

SEGURAR
se-gu-**rar**
Tornar seguro; firmar; apoiar; agarrar. Aquele moço **segura** a escada para a colega não cair.

SEMANA
se-**ma**-na
Período de tempo de 7 dias: domingo, segunda-feira, terça-feira, quarta-feira, quinta-feira, sexta-feira e sábado. A agenda e o calendário mostram os dias da **semana**.

SENTIMENTO
sen-ti-**men**-to
O que se sente por algo ou alguém; sensibilidade; emoção. Tenho muitos **sentimentos**!

SEIS
seis
Correspondente ao número 6. Um dado tem **seis** lados.

SEMEAR
se-me-**ar**
Espalhar sementes na terra para novas plantas nascerem. O agricultor **semeou** milho.

SER
ser
1. Ter uma qualidade. Eu **sou** feliz.

2. Pertencer. As bolas **são** nossas.

3. Tudo o que existe. As pessoas são **seres** humanos.

SELVAGEM
sel-**va**-gem
Que vive na selva ou na mata em liberdade; não doméstico. A onça, o tigre e o leão são animais **selvagens**.

108

SEREIA
se-**rei**-a
Personagem de histórias: mulher com cauda de peixe, que encanta os pescadores com seu canto e os leva ao fundo do mar.
A **lara** é a sereia dos rios.

SILÊNCIO
si-**lên**-cio
1. Falta de barulho, sossego, paz. Pedi **silêncio** a todos.

2. Ausência de vozes; quando alguém se cala ou não produz ruídos. Os jogadores fizeram um minuto de **silêncio**.

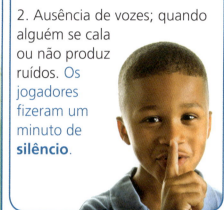

SINO
si-no
Instrumento de metal oco que produz som forte quando se movimenta a peça pendurada dentro, o badalo. O **sino** toca quando acaba o recreio.

SETE
se-te
Correspondente ao número 7.
A semana tem **sete** dias.

SILVESTRE
sil-**ves**-tre
Animal ou planta que nasce e cresce na selva ou na mata. Vimos animais e flores **silvestres** no parque.

SIRENE
si-**re**-ne
Aparelho que toca som agudo e forte para pedir passagem ou avisar de perigo; sirena. A ambulância está com a **sirene** ligada.

SETEMBRO
se-**tem**-bro
Nono mês do ano, com 30 dias. No dia 7 de **setembro**, comemoramos a independência do Brasil.

SÍMBOLO
sím-bo-lo
O que representa ou lembra algo. Uma aliança na mão esquerda de alguém é **símbolo** de casamento.

SÍTIO
sí-tio
Espaço pequeno de terra com casa no campo, onde se criam animais domésticos e se planta; o mesmo que *site*, a área onde se busca informações na internet. Passo as férias no **sítio** do meu avô.

SOBREMESA
so-bre-**me**-sa
O que se come depois do almoço ou jantar. Costumamos comer frutas como **sobremesa**.

SOCIEDADE
so-ci-e-**da**-de
Grupo de seres que vivem juntos, em que todos colaboram para a manutenção do grupo, seguindo leis próprias. Formigas, abelhas, vespas e cupins vivem em **sociedade**.

SOCORRER
so-cor-**rer**
Proteger; defender; ajudar. Os bombeiros e os policiais **socorrem** as pessoas.

SOCORRO
so-**cor**-ro
1. Pedido de ajuda. Os jovens perdidos na mata pediram **socorro**.

2. Ajuda que se dá a alguém. A enfermeira prestou **socorro** ao menino machucado.

SOJA
so-ja
Cereal com grãos muito nutritivos, usado para fazer óleo, farinha e outros alimentos. O Brasil produz muita **soja**.

SOL
sol
Estrela em torno da qual a Terra gira para ser iluminada. Para se proteger do **sol** de verão, é preciso usar filtro solar.

SÓLIDO
só-li-do
1. O que está na forma concreta; palpável; visível. O gelo é **sólido**.

2. Duro; firme. As construções da cidade são **sólidas**.

SOM
som
O que pode ser ouvido e percebido pelo sentido da audição. O **som** do canto dos pássaros é agradável.

SOMBRA
som-bra
Lugar escurecido; imagem produzida quando um corpo opaco fica diante da luz. Veja a **sombra** que fiz!

SOPA
so-pa
Alimento líquido feito com o caldo de legumes, vegetais ou carnes. Meu filho adora **sopa**!

SORRIR
sor-**rir**
Rir sem fazer barulho; mostrar que está contente. **Sorrir** para as pessoas faz elas **sorrirem**.

SORVETE
sor-**ve**-te
Alimento cremoso e congelado feito com frutas ou leite. O **sorvete** é a melhor coisa do verão!

SUBIR
su-**bir**
1. Ir para um lugar mais alto. O jegue **subiu** a montranha.

2. Entrar num veículo. **Subimos** no ônibus para viajar.

SUBMARINO
sub-ma-**ri**-no
1. Que está sob as águas do mar. Há muitos animais e plantas **submarinos**.

2. Navio que se movimenta debaixo da água. Desenhamos um **submarino** amarelo.

SUBSTÂNCIA
subs-**tân**-cia
Matéria de que são feitos os seres. A água é uma **substância** sem cor, sem cheiro e sem sabor.

SUBTRAIR
sub-tra-**ir**
Tirar uma coisa de outra; diminuir. Quando **subtraimos** 3 de 4 resta 1.

$$\begin{array}{r}4\\-3\\\hline 1\end{array}$$

SUCO
su-co
Líquido tirado dos vegetais, principalmente das frutas. **Suco** é um alimento nutritivo.

SUCURI
su-cu-**ri**
Animal réptil, é a maior cobra do mundo. A **sucuri** mata apertando sua vítima.

SUJO
su-jo
Que não está limpo. Depois de jogar futebol, a camiseta fica **suja**.

SUPERFÍCIE
su-per-**fí**-cie

1. Aquilo que se situa acima da terra ou da água. A **superfície** do rio está suja.

2. Parte externa e visível dos seres. A **superfície** da lixa é áspera.

SUPERIOR
su-pe-ri-**or**

Que está em posição acima, ou em maior quantidade ou qualidade. O vaso está na parte **superior** da estante.

SURFE
sur-fe

Esporte em que a pessoa se equilibra numa prancha e desliza sobre as ondas do mar. Praticar **surfe** requer equilíbrio.

SUSTO
sus-to

Sentimento de surpresa, medo ou espanto com algo que acontece de repente.
Ai! Você me deu um **susto**!

Tttt

TAMANDUÁ
ta-man-du-**á**

Animal mamífero, com língua e focinho longos, sem dentes, que se alimenta de formigas e cupins. O maior **tamanduá** brasileiro é o **tamanduá--bandeira**.

TANGERINA
tan-ge-**ri**-na

Fruto da tangerineira, com casca fina e gomos alaranjados, gosto doce; bergamota; mexerica. Há muitos tipos de **tangerinas**.

TAPETE
ta-**pe**-te

Objeto que se coloca no chão para ser pisado, feito de vários tamanhos e com diferentes materiais. O bebê brinca sobre o **tapete**.

TARDE
tar-de

Período entre o meio-dia e o anoitecer. À **tarde**, o sol fica mais baixo no horizonte.

TARTARUGA
tar-ta-**ru**-ga
Animal réptil, com casco muito grosso e achatado que vive na terra ou na água. Aquela **tartaruga** levantou a cabeça!

TEATRO
te-**a**-tro
1. Lugar onde se apresentam espetáculos. O **teatro** estava completamente vazio.

2. Arte de representar. É muito bom participar da aula de **teatro**.

TELEVISÃO
te-le-vi-**são**
Aparelho que recebe e mostra imagens e sons enviados de longa distância. Vi um filme pela **televisão**.

TATO
ta-to
Sentido que permite o reconhecimento de qualidades dos seres pelo toque físico: frio, quente, áspero, liso, macio, molhado, seco. A leitura em braile é feita pelo **tato**.

TECER
te-**cer**
Cruzar fios para formar um tecido. As artesãs **teceram** um tapete com fios de algodão.

TELHADO
te-**lha**-do
Cobertura de construção, geralmente feita de telhas arrumadas. O pedreiro arrumou as telhas do **telhado**.

TATU
ta-**tu**
Animal mamífero, de corpo coberto por placas duras, que cava e vive em buracos. O **tatu** come sementes e raízes.

TELEFONE
te-le-**fo**-ne
Aparelho usado para falar com alguém que está longe. Meu **telefone** é vermelho.

TEMPERATURA
tem-pe-ra-**tu**-ra
Grau de calor ou de frio de um ser. Que frio! A **temperatura** hoje está baixa.

A
B
C
D
E
F
G
H
I
J
K
L
M
N
O
P
U
R
S
T
U
V
W
X
Y
Z

TEMPESTADE
tem-pes-**ta**-de
Grande chuva acompanhada de ventos, trovões e relâmpagos. Protegi-me da **tempestade** com o guarda-chuva.

TEMPLO
tem-plo
Construção onde pessoas rezam e participam de ato religioso. As pessoas visitam **templos** antigos.

TEMPO
tem-po
1. Momento medido em horas, dias, meses ou anos. Faltam 15 minutos para começar a aula.

2. Condição atmosférica do clima. Hoje o **tempo** está bom para brincar na piscina.

TÊNIS
tê-nis
1. Calçado adequado para a prática de esportes. Para cada esporte, se usa um tipo de **tênis**.

2. Esporte jogado em uma quadra dividida por uma rede baixa, sobre a qual dois jogadores lançam a bola com a raquete. Vamos jogar **tênis**?

TERMÔMETRO
ter-**mô**-me-tro
Instrumento usado para medir a temperatura de um ser. O médico colocou o **termômetro** na criança doente.

TERRA
ter-ra
1. Nome do terceiro planeta do sistema solar, onde vivemos. A **Terra** fica próxima de Marte.

2. Superfície do lugar onde vivemos, não ocupada pela água. Plantei a muda na **terra**.

TERRESTRE
ter-**res**-tre
O que nasce ou vive na terra. O escorpião é um animal **terrestre**.

TESOURA
te-**sou**-ra
Instrumento usado para cortar coisas. Minha **tesoura** tem cabo amarelo.

TESOURO
te-**sou**-ro
Conjunto de objetos valiosos ou muito dinheiro. As crianças acharam o **tesouro**.

TEXTO
tex-to
Conjunto de frases escritas e organizadas sobre um assunto. Os alunos fizeram um **texto** sobre os animais de jardim.

TIGELA
ti-**ge**-la
Recipiente redondo, de boca larga, usado para se colocar e levar alimentos à mesa. A sopa foi servida em uma **tigela** de louça branca.

TIJOLO
ti-**jo**-lo
Peça de barro cozido ou de cimento utilizada em construções. A olaria produz vasos, telhas e **tijolos** de barro.

TINTA
tin-ta
Líquido usado para pintar, tingir e escrever. Minha prima pintava com **tinta** guache.

TIO
ti-o
Irmão do pai ou da mãe em relação aos filhos do outro. Minha tia e meu **tio** vieram nos visitar.

TOALHA
to-**a**-lha
Peça de tecido usada para enxugar o corpo e as mãos ou para cobrir uma mesa. Mamãe colocou a **toalha** xadrez sobre a mesa.

TOCAR
to-**car**
1. Fazer som com um instrumento musical. A menina **toca** violino.

2. Encostar parte de seu corpo em algo. Eu **toquei** no coelhinho.

TOMATE
to-**ma**-te
Fruto do tomateiro, arredondado, vermelho, usado como alimento em molhos e saladas. Vovó coloca **tomate** na salada.

TÓRAX
tó-rax
Parte do corpo entre o pescoço e o abdome, onde ficam o pulmão e o coração. O médico mediu o **tórax** do garoto.

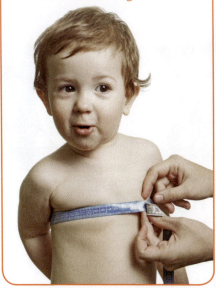

TORNOZELO
tor-no-**ze**-lo
Parte do corpo que liga o pé à perna. A moça mostrou o **tornozelo**.

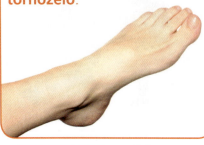

TRANQUILO
tran-**qui**-lo
Calmo, quieto, sem agitação. Aqui é um ambiente **tranquilo**.

TRANSFORMAR
trans-for-**mar**
Ficar diferente do que era. A artista **transformou** o barro em vaso.

TRÂNSITO
trân-si-to
Movimento de pessoas ou veículos de um lado para o outro. Esta avenida tem um grande **trânsito**.

TRANSPARENTE
trans-pa-**ren**-te
O que deixa a luz passar ou ver o que está do outro lado. O vidro da janela é **transparente**.

TRANSPORTAR
trans-por-**tar**
Levar um ou mais seres de um lugar para outro. O ônibus escolar **transporta** crianças.

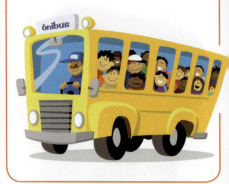

TRANSPORTE
trans-**por**-te
Veículo usado para transportar seres. Avião, carro, caminhão e bicicleta são meios de **transporte**.

TRATOR
tra-**tor**
Veículo de rodas traseiras grandes, usado em construções e plantações. O agricultor usa o **trator** na plantação.

116

TREM
trem
Veículo com vagões puxados por locomotiva, que circula por trilhos. Vou para o trabalho de **trem**.

TRÊS
três
Correspondente ao número 3. Triciclo é uma bicicleta de **três** rodas.

TRIÂNGULO
tri-**ân**-gu-lo
Forma geométrica de três lados. O telhado da casa é um **triângulo**.

TRICOTAR
tri-co-**tar**
Tecer lã ou linha com agulhas compridas próprias para esse trabalho ou com máquina de tricô. Vovó me ensinou a **tricotar**.

TRIGO
tri-go
Grão do cereal do mesmo nome com o qual se faz farinha e outros alimentos. O padeiro usa farinha de **trigo** na massa do pão.

TRILHA
tri-lha
Caminho aberto em mata ou lugar de difícil acesso. Seguiremos por esta **trilha**?

TRILHO
tri-lho
Caminho construído com barras de aço, por onde passa o trem ou o metrô. O trem só circula sobre **trilhos**.

TRISTE
tris-te
Sem alegria, com vontade de chorar. A menina está **triste**.

TRONCO
tron-co
1. Parte do corpo que vai da cintura até o começo do pescoço, sem os braços. No **tronco** estão o tórax, o abdome e o quadril.

2. Caule das árvores. Ela abraçou o **tronco** da árvore.

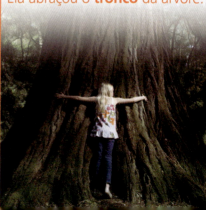

A
B
C
D
E
F
G
H
I
J
K
L
M
N
O
P
U
R
S
T
U
V
Y
Z

Uuu u

TROVÃO
tro-**vão**
Som da descarga elétrica causada pelo raio. De longe se ouviu o **trovão**.

TUBARÃO
tu-ba-**rão**
Peixe de água salgada, grande, feroz e com muitos dentes afiados. O **tubarão** ataca outros peixes.

TUCANO
tu-**ca**-no
Ave que tem grande bico grosso, curvo e colorido. Tem vários **tucanos** no Pantanal.

UMBIGO
um-**bi**-go
Cicatriz no abdome, formada quando o cordão que liga o bebê à mãe é cortado no nascimento. Mantenha seu **umbigo** limpo.

UMBU
um-**bu**
Fruto do umbuzeiro, de casca verde, polpa suculenta, levemente ácida, com uma semente. Eu tomo suco de **umbu**.

UNHA
u-nha
Parte dura, fina e opaca que nasce e cresce na parte de cima das extremidades dos dedos. Minha mãe pinta as **unhas** de vermelho.

UNIÃO
u-ni-**ão**
1. Atividade de juntar, aproximar ou unir seres. Com a **união** das 3 amigas, o time começou a se formar.

2. Casamento. Vamos comemorar a **união** desses 2 jovens!

3. Paz e bom relacionamento entre pessoas. O casal vive em **união**.

118

UNIVERSO
u-ni-**ver**-so
Conjunto de todos os corpos celestes e o espaço onde ficam. A Terra faz parte do **universo**.

VACA
va-ca
Animal mamífero de grande porte, doméstico, do qual se usa o leite, a carne e a pele; fêmea do touro. Na fazenda, bebemos leite tirado da **vaca** na hora.

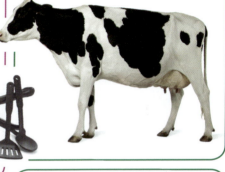

URSO
ur-so
Animal mamífero de grande estatura, coberto de pelos grossos, que vive em regiões frias. O **urso** come peixes e mel.

UTENSÍLIO
u-ten-**sí**-lio
Objeto usado para se fazer algo ou colocar algo dentro; ferramenta. A panela e a frigideira são alguns dos **utensílios** domésticos.

VAMPIRO
vam-**pi**-ro
Personagem que suga o sangue de suas vítimas e não suporta o sol. Os meninos gostam das histórias de **vampiro**.

URUBU
u-ru-**bu**
Ave de cabeça pelada, penas pretas e que se alimenta de animais mortos. Tem um **urubu** no poste.

UVA
u-va
Fruto da videira, geralmente doce, nasce em cachos e tem casca fina. Com a **uva** se fazem vinho e suco.

VEADO
ve-**a**-do
Animal mamífero selvagem e veloz, com pelo marrom e rabo curto. Os machos têm chifres. Os **veados** correm muito rápido!

VEGETAL
ve-ge-**tal**
Ser vivo que não é animal; o que vem das plantas. Utilizamos muitos **vegetais** em nossa alimentação.

VERMELHO
ver-**me**-lho
Cor do sangue. Há vários tons de **vermelho**.

VELA
ve-la
1. Objeto feito de cera com pavio que, aceso, ilumina o ambiente. Acendi as **velas** do bolo de aniversário.

2. Pano grosso usado em embarcações movidas a vento. A **vela** do barco é nova.

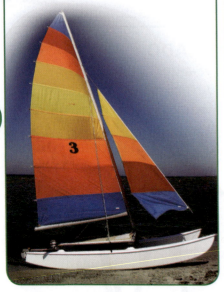

VENDEDOR
ven-de-**dor**
Pessoa que vende coisas. A **vendedora** da loja mostrou vários pares de botas.

VERTEBRADO
ver-te-**bra**-do
Animal que tem coluna vertebral, composta por vértebras. No museu, vimos vários esqueletos de animais **vertebrados**.

VENTO
ven-to
Ar em movimento. O catavento gira com o **vento**.

VERTICAL
ver-ti-**cal**
Aquilo que está em pé; o contrário de horizontal. Os prédios são **verticais**.

VERDE
ver-de
Cor que resulta da mistura do azul e do amarelo. A grama é **verde**.

VESTIDO
ves-**ti**-do
Roupa feminina, peça única formada por blusa e saia emendadas. Veja que lindo **vestido**!

VESTIR
ves-**tir**
Colocar roupa em outro ser ou em si mesmo. A menina **vestiu** a roupa na boneca.

VETERINÁRIO
ve-te-ri-**ná**-rio
Pessoa que estudou veterinária e cuida de animais. Levamos o gato ao **veterinário**.

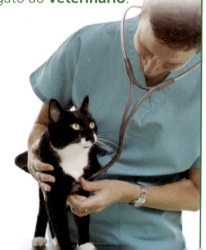

VIDRO
vi-dro
Material sólido e quebrável, feito com areia e outros minerais aquecidos a altas temperaturas; recipiente feito com esse material. Achei os biscoitos guardados num **vidro**.

VILÃO
vi-**lão**
Personagem que faz maldades. Os **vilões** fazem maldade com os mocinhos das histórias.

VIOLÃO
vi-o-**lão**
Instrumento musical de madeira com cordas que vibram e produzem sons. Você quer tocar **violão**?

VISÃO
vi-**são**
Sentido que permite ver, enxergar. A coruja tem ótima **visão** à noite.

VISITAR
vi-si-**tar**
Ir a algum lugar para ver uma pessoa ou um local. **Visitamos** o parque da cidade.

VOLEIBOL
vo-lei-**bol**
Esporte jogado com 6 jogadores em cada equipe, em quadra com uma rede alta no meio; volei. A jogadora de **voleibol** prepara o saque.

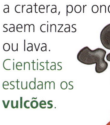

VULCÃO
vul-**cão**
Montanha com uma abertura, a cratera, por onde saem cinzas ou lava. Cientistas estudam os **vulcões**.

WEB
web
Informação contida na rede mundial de computadores da internet, também conhecida pela sigla www. Vamos procurar o significado dessa palavra na **web**?

XADREZ
xa-**drez**
1. Jogo praticado por 2 jogadores, em tabuleiro quadriculado. Você quer jogar **xadrez**?

XAMPU
xam-**pu**
Líquido especial para lavar cabelos. As crianças devem usar **xampu** especial para elas.

XAROPE
xa-**ro**-pe
Composto medicinal líquido, receitado pelo médico, geralmente doce. A mãe deu **xarope** contra tosse para seu filho.

Peão
Torre
Cavalo
Bispo
Rainha
Rei

WINDSURFE
wind-**sur**-fe
Prancha com vela, na qual o esportista navega com a força do vento. Hoje tem uma competição de **windsurfe**.

2. Tecido que tem quadrados com cores alternadas, como no tabuleiro do jogo. Minha camisa é **xadrez**.

XÍCARA
xí-ca-ra
Recipiente com asa, usado para tomar líquidos. Tem uma **xícara** de café sobre a mesa.

122

Y y y y   Z z z z

YAKISOBA
ya-ki-**so**-ba
Prato preparado com macarrão, algum tipo de carne, verduras, legumes e molho especial. O jantar de hoje é **yakisoba**.

YETI
y-**e**-ti
Personagem de lenda tibetana. Homem muito alto com o corpo coberto de pelos compridos; abominável homem das neves. Lemos um livro sobre o **yeti**.

ZANGAR
zan-**gar**
Chamar a atenção de alguém com braveza; irritar-se. O pai **zangou**-se com o filho.

ZEBRA
ze-bra
Animal mamífero, veloz, de pelagem listrada nas cores branca e preta. As **zebras** habitam as savanas africanas.

ZERO
ze-ro
Correspondente a 0; ausência de quantidade; nada. A menina não tem nada nas mãos, é como se fosse **zero**.

ZÍPER
zí-per
Fecho de metal ou plástico, composto de duas tiras dentadas, unidas por uma peça pequena, usado como fecho. Feche o **zíper** com cuidado!

ZOOLÓGICO
zo-o-**ló**-gi-co
Local onde habitam alguns animais e que as pessoas vão visitar; zoo. Fui ao **zoológico** com a minha família.

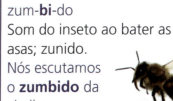

ZUMBIDO
zum-**bi**-do
Som do inseto ao bater as asas; zunido. Nós escutamos o **zumbido** da abelha.

Brasão da
República Federativa do Brasil

HINO NACIONAL

Parte I

Ouviram do Ipiranga as margens plácidas
De um povo heróico o brado retumbante,
E o sol da liberdade, em raios fúlgidos,
Brilhou no céu da pátria nesse instante.

Se o penhor dessa igualdade
Conseguimos conquistar com braço forte,
Em teu seio, ó liberdade,
Desafia o nosso peito a própria morte!

Ó Pátria amada,
Idolatrada,
Salve! Salve!

Brasil, um sonho intenso, um raio vívido
De amor e de esperança à terra desce,
Se em teu formoso céu, risonho e límpido,
A imagem do Cruzeiro resplandece.

Gigante pela própria natureza,
És belo, és forte, impávido colosso,
E o teu futuro espelha essa grandeza.

Terra adorada,
Entre outras mil,
És tu, Brasil,
Ó Pátria amada!
Dos filhos deste solo és mãe gentil,
Pátria amada,
Brasil!

Parte II

Deitado eternamente em berço esplêndido,
Ao som do mar e à luz do céu profundo,
Fulguras, ó Brasil, florão da América,
Iluminado ao sol do Novo Mundo!

Do que a terra, mais garrida,
Teus risonhos, lindos campos têm mais flores;
"Nossos bosques têm mais vida",
"Nossa vida" no teu seio "mais amores."

Ó Pátria amada,
Idolatrada,
Salve! Salve!

Brasil, de amor eterno seja símbolo
O lábaro que ostentas estrelado,
E diga o verde-louro dessa flâmula
- "Paz no futuro e glória no passado."

Mas, se ergues da justiça a clava forte,
Verás que um filho teu não foge à luta,
Nem teme, quem te adora, a própria morte.

Terra adorada,
Entre outras mil,
És tu, Brasil,
Ó Pátria amada!
Dos filhos deste solo és mãe gentil,
Pátria amada,
Brasil!

Letra: Joaquim Osório Duque Estrada
Música: Francisco Manuel da Silva

Corpo humano

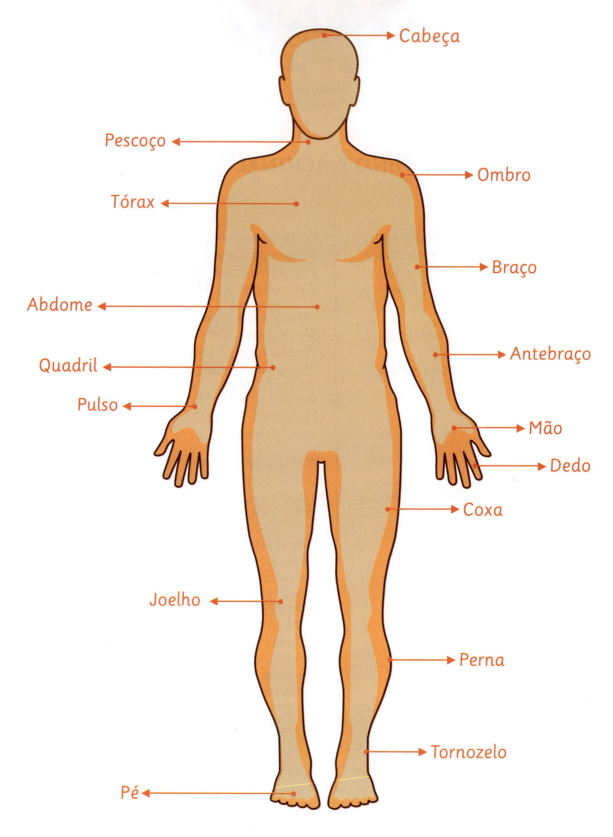

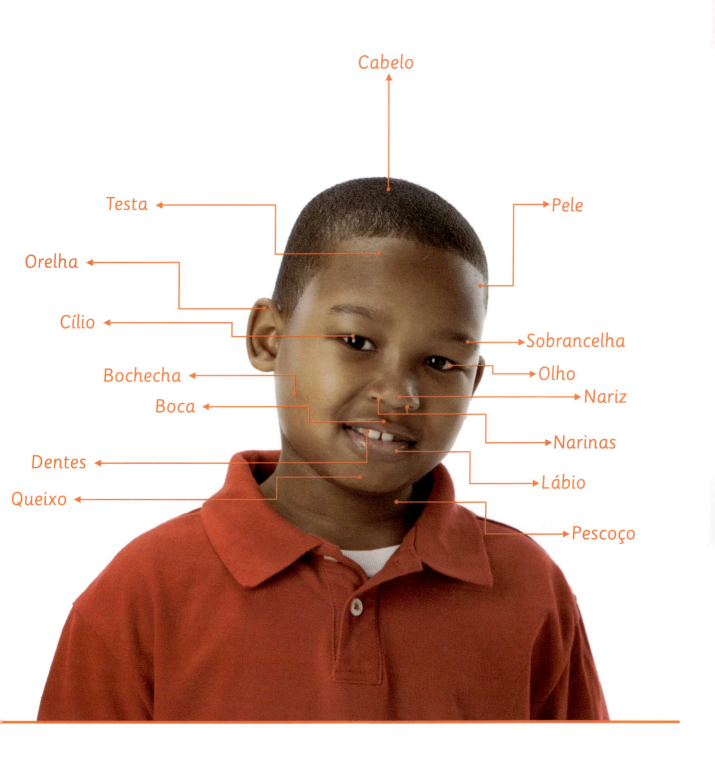

Alimentação

LEGUMES

Pepino
Abobrinha
Quiabo

VERDURAS

Alface
Repolho
Couve
Escarola

RAÍZES

Aipim
Cenoura
Beterraba
Inhame
Batata
Cebola

CEREAIS

Milho
Arroz
Trigo
Soja

BEBIDAS

Café
Chá
Suco
Água

128

DERIVADOS DE ANIMAIS

FRUTAS

Esportes

Atletismo

Futebol

Tênis

Natação

Paraquedismo

Vela

Répteis

Camaleão · Jabuti · Lagarto · Cobra · Tartaruga · Jacaré

Anfíbios

Rã · Sapo · Salamandra

Peixes

Tubarão · Peixe-palhaço

INVERTEBRADOS

Insetos

Abelha · Besouro · Gafanhoto · Barata · Borboleta · Mosquito · Grilo · Formiga

Aracnídeos

Aranha · Escorpião · Carrapato

Moluscos

Polvo · Lula · Lesma · Caracol

Grandezas e medidas

DIAS DA SEMANA
Domingo
Segunda-feira
Terça-feira
Quarta-feira
Quinta-feira
Sexta-feira
Sábado

MESES DO ANO
Janeiro
Fevereiro
Março
Abril
Maio
Junho
Julho
Agosto
Setembro
Outubro
Novembro
Dezembro

ESTAÇÕES DO ANO
Primavera
Verão
Outono
Inverno

TEMPO

1 hora	60 minutos
1 dia	24 horas
1 semana	7 dias
1 quinzena	15 dias
1 mês	30 dias
1 ano	12 meses
	365 dias

0 1 2 3 4 5 6 7 8 9

1	2	3	4	5	6	7	8	9	10
11	12	13	14	15	16	17	18	19	20
21	22	23	24	25	26	27	28	29	30
31	32	33	34	35	36	37	38	39	40
41	42	43	44	45	46	47	48	49	50
51	52	53	54	55	56	57	58	59	60
61	62	63	64	65	66	67	68	69	70
71	72	73	74	75	76	77	78	79	80
81	82	83	84	85	86	87	88	89	90
91	92	93	94	95	96	97	98	99	100

Judô

Handebol

Basquetebol

Windsurfe

Automobilismo

Ginástica

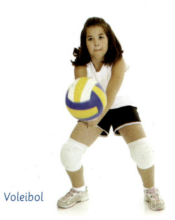
Voleibol

Transportes

TERRESTRES

Cavalo

Ônibus

Motocicleta

Caminhão

Charrete

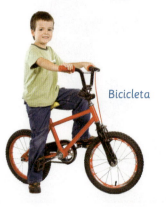
Bicicleta

Carro

Metrô

Trem

132

AÉREOS

Avião

Helicóptero

Balão

AQUÁTICOS

Navio

Barco a vela

Animais

VERTEBRADOS

Mamíferos

Aves

Opostos

ABAIXO
a-**bai**-xo
Posição inferior em relação a um ser. O submarino está **abaixo** da superfície da água.

ACIMA
a-**ci**-ma
Posição superior em relação a um ser. O barco está **acima** da superfície da água.

BAIXO
bai-xo
Pessoa ou objeto de pouca altura. Um frasco é mais **baixo** que o outro.

ALTO
al-to
Qualidade de pessoa ou objeto com altura acima do comum. O homem era **alto** como um gigante!

DENTRO
den-tro
No interior de um lugar. O urso está **dentro** da caixa.

FORA
fo-ra
No exterior de um lugar. O urso está **fora** da caixa.

BARATO
ba-**ra**-to
Tudo o que é vendido ou comprado por pouco dinheiro em relação ao seu valor. O carrinho é **barato**.

CARO
ca-ro
Tudo o que é vendido ou comprado por muito dinheiro, em relação ao seu valor. O caminhão custou **caro**.

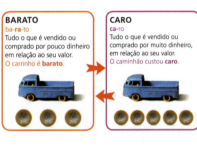

DIREITO
di-**rei**-to
1. Contrário de esquerdo. O banheiro fica à **direita**.

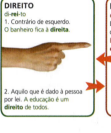

ESQUERDO
es-**quer**-do
Lado do corpo onde fica o coração; o contrário de direito. Esta placa indica o lado **esquerdo**.

2. Aquilo que é dado à pessoa por lei. A educação é um **direito** de todos.

DIA
di-a
Tempo desde o nascer até o pôr do sol. Contrário de noite. O **dia** hoje está lindo!

NOITE
noi-te
Período de tempo durante o qual o sol não está visível. Vai do entardecer até o amanhecer. Você viu a lua desta **noite**?

GRANDE
gran-de
Que ocupa muito espaço; maior do que outros. O papai é bem **grande**.

PEQUENO
pe-**que**-no
De pouco tamanho ou peso; contrário de grande. Nos brinquedos, são usados parafusos **pequenos**.

INFERIOR
in-fe-ri-**or**
Que está em posição abaixo, ou em menor quantidade ou qualidade. O vaso está na parte **inferior** da estante.

SUPERIOR
su-pe-ri-**or**
Que está em posição acima, ou em maior quantidade ou qualidade. O vaso está na parte **superior** da estante.

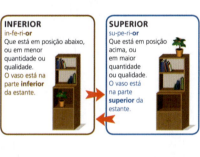

LONGE
lon-ge
A uma grande distância de lugar ou de tempo. O Japão é **longe** do Brasil.

PERTO
per-to
A pouca distância de lugar ou tempo; próximo; contrário de longe. Nossa casa é **perto** do rio.

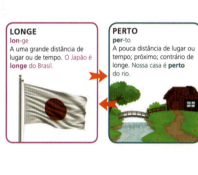

ACENDER
a-cen-**der**
Iluminar ou pôr fogo em um lugar. O professor **acendeu** a vela.

APAGAR
a-pa-**gar**
Desligar a luz ou acabar com o brilho ou com o fogo. Luz **apagada** economiza energia elétrica.

CURTO
cur-to
De pouco comprimento ou de pequena duração. O lápis ficou **curto**.

COMPRIDO
com-**pri**-do
De grande comprimento; longo. Que estrada **comprida**!

DEVAGAR
de-va-**gar**
Modo de fazer algo sem pressa, com pouca velocidade, lentamente. A tartaruga anda **devagar**.

DEPRESSA
de-**pres**-sa
Modo de fazer algo em pouco tempo, com rapidez. Os carros de corrida andam muito **depressa**.

ESQUENTAR
es-quen-**tar**
Aumentar a temperatura. Para que você **esquentou** a água?

ESFRIAR
es-fri-**ar**
Baixar a temperatura. Mamãe, **esfrie** a sopa para mim!

CLAREAR
cla-re-**ar**
Deixar um lugar com luz; iluminar. O dia **clareou** cedo.

ESCURECER
es-cu-re-**cer**
A hora do cair da tarde, quando o sol começa a se esconder; deixar um lugar com pouca ou nenhuma luz. **Escurecemos** a sala para assistir ao filme.

LEVE
le-ve
Com pouco peso em relação a outros seres. A pena do passarinho é muito **leve**.

PESADO
pe-**sa**-do
Com muito peso em relação a outros seres. O contrário de leve. Esta pilha de livros está **pesada**!

137

Sistema solar

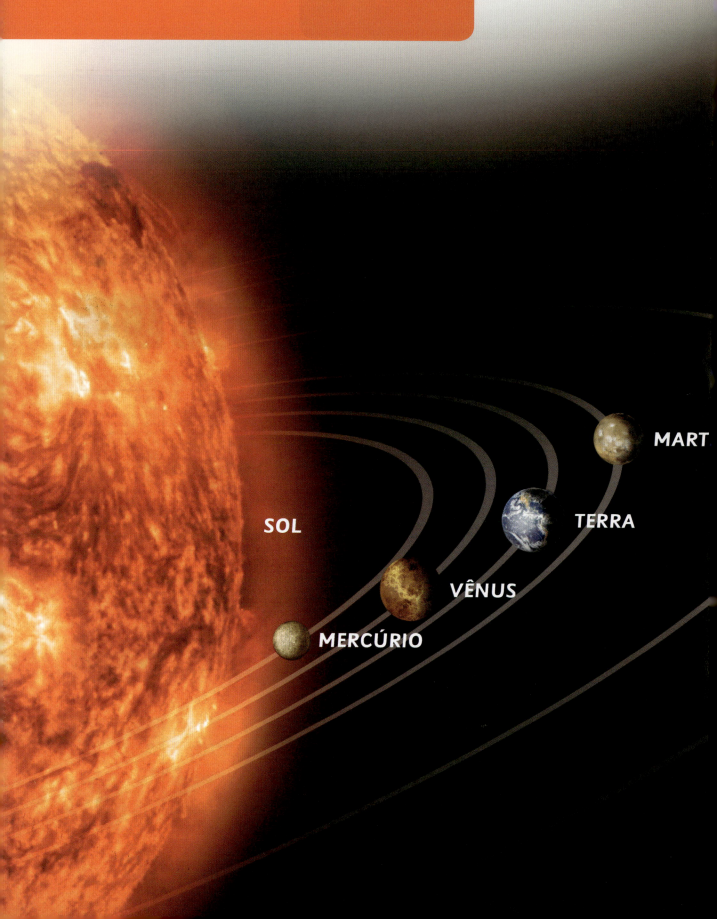

JÚPITER

SATURNO

URANO

NETUNO

Crédito das imagens

Para cada imagem, há um código onde P representa Página e F a Figura. A contagem é feita a partir da primeira coluna e segue até o final da terceira coluna de cada página. No crédito das fotos apresenta-se o nome de cada artista e a fonte é o site www.istockphoto.com.

Código	Autor	Código	Autor
P12-F1	eyewave	P18-F4	Blend_Images
P12-F2	DNY59	P18-F5	Hogo
P12-F3	Snaprender	P18-F6	hidesy
P12-F4	pepifoto	P18-F7	richsearsdotcom
P12-F5	Floortje	P18-F8	EricHood
P12-F6A	onebluelight	P18-F9	lucato
P12-F6B	PicturePartners	P18-F10	Maica
P12-F7	lepas2004	P19-F1	archives
P12-F8	nicolesy	P19-F2	nicolesy
P12-F9	Picsfive	P19-F3	Gelpi
P13-F1	alexsl	P19-F4	kate_sept2004
P13-F2	nataq	P19-F5	bloodua
P13-F3	Blue_Cutler	P19-F6	STEEX
P13-F4	Anyka	P19-F7	Orientaly
P13-F5	icefront	P19-F8	aluxum
P13-F6	pacaypalla	P19-F9	GlobalP
P13-F7	yellowsarah	P20-F1	gui00878
P13-F8	IZI1947	P20-F2	stu99
P13-F9	Kruglov	P20-F3	rest
P13-F10	stockcam	P20-F4	alexxx1981
P14-F1	drfelice	P20-F5	kickers
P14-F2	rimglow	P20-F6	Floortje
P14-F3	AndrewLilley	P20-F7	DNY59
P14-F4	jhorrocks	P20-F8	erwo1
P14-F5	CEFutcher	P20-F9	nicolesy
P14-F6	jhorrocks	P21-F1	eddtoro
P14-F7	visualgo	P21-F2	karens4
P14-F8	AlexKalina	P21-F3	EuToch
P14-F9	sjlocke	P21-F4	GeorgeDolgikh
P14-F10	alexsl	P21-F5	LeggNet
P15-F1	klenger	P21-F6	SergiyN
P15-F2	AlexRaths	P21-F7	AlexandrMoroz
P15-F3	artJazz	P21-F8	izusek
P15-F4	jeryltan	P21-F9	luminis
P15-F5	T-STUDIO	P22-F1	FuatKose
P15-F6	Floortje	P22-F2	Yuri_Arcurs
P15-F7	bonniej	P22-F3	Gelpi
P15-F8	tarinoel	P22-F4	prill
P15-F9	izusek	P22-F5	mstay
P16-F1	TSchon	P22-F6	Clicknique
P16-F2	LFGabel	P22-F7	esolla
P16-F3	lepas2004	P22-F8	dndavis
P16-F4	ShmeliovaNatalie	P22-F9	huronphoto
P16-F5	JoeGough	P22-F10	Dorling_Kindersley
P16-F6	Erdosain	P23-F1	Thomas_EyeDesign
P16-F7	Marina_Di	P23-F2	Watcha
P16-F8	LARA	P23-F3	creisinger
P16-F9	mrPliskin	P23-F4	DaveKurtzWilliams
P17-F1	Anterovium	P23-F5	dosecreative
P17-F2	oliwkowygaj	P23-F6	Snappy_girl
P17-F3	ranplett	P23-F7	lovleah
P17-F4	pagadesign	P23-F8	jgroup
P17-F5	pavelr28	P23-F9a	ROMAOSLO
P17-F6	LattaPictures	P23-F9b	encrier
P17-F7	johan63	P24-F1	pacaypalla
P17-F8	ftwitty	P24-F2	A-Digit
P17-F9	LUGO	P24-F3	ivo_13
P17-F10	BorislavFilev	P24-F4	Daft_Lion_Studio
P18-F1	Lezh	P24-F5	Perkus
P18-F2	ROMAOSLO	P24-F6	jfairone
P18-F3	kati1313	P24-F7	inkit

Código	Autor	Código	Autor
P24-F8	Lammeyer	P31-F3	BirdofPrey
P24-F9	penguenstok	P31-F4	cristianl
P24-F10	jpa1999	P31-F5	3dvd
P24-F11	Ju-Lee	P31-F6	VadimPO
P25-F1	RonTech2000	P31-F7a	cloki
P25-F2	lightkeeper	P31-F7b	DonNichols
P25-F3	atanasija	P31-F7c	chrisroselli
P25-F4	sumos	P31-F8	Photograpther
P25-F5	Shypitcyn	P31-F9	BreatheFitness
P25-F6	penguenstok	P31-F10	kryczka
P25-F7	khilagan	P32-F1	egal
P25-F8	JohannesCompaan	P32-F2	DebbiSmirnoff
P25-F9	Altemar	P32-F3	sefaoncul
P26-F1	Altemar	P32-F4	alex-mit
P26-F2a	Samuray	P32-F5	Eraxion
P26-F2b	AKS_photo	P32-F6	EVAfotografie
P26-F2c	Gewitterkind	P32-F7	Maica
P26-F3	desert_fox99	P32-F8	Barcin
P26-F4	roundhill	P32-F9	GlobalP
P26-F5	jaroon	P33-F1a	ROMAOSLO
P26-F6	WestLight	P33-F1b	encrier
P26-F7	AmbientIdeas	P33-F2	Savany
P26-F8	mjp	P33-F3	edelmar
P26-F9	yasinguneysu	P33-F4	PowerChild
P26-F10	Altemar	P33-F5	pavlen
P27-F1	R-O-M-A	P33-F6	xyno
P27-F2	ericsphotography	P33-F7	antonbrand
P27-F3	Okea	P33-F8	blamb
P27-F4	MaszaS	P33-F9	Bubert
P27-F5	PeterPolak	P33-F10	diane555
P27-F6a	AmbientIdeas	P34-F1	clairevis
P27-F6b	WendellandCarolyn	P34-F2	lightkeeper
P27-F6c	sachek	P34-F3	GlobalP
P27-F7	DGM007	P34-F4	GlobalP
P27-F8	julioechandia	P34-F5	TatyanaGl
P27-F9	frytka	P34-F6	matejmm
P28-F1	adrovando	P34-F7	mstay
P28-F2	JBryson	P34-F8	da-kuk
P28-F3	humbak	P34-F9	fajean
P28-F4	nicosolo	P34-F10	arlindo71
P28-F5	GlobalP	P35-F1	Elenathewise
P28-F6	ALEAIMAGE	P35-F2	DNY59
P28-F7	Maxlevoyou	P35-F3	FuatKose
P28-F8	GlobalP	P35-F4	scibak
P28-F9	Altemar	P35-F5	Lingbeek
P29-F1a	sf_foodphoto	P35-F6	narvikk
P29-F1b	swedewah	P35-F7	FrankyDeMeyer
P29-F1c	JLGutierrez	P35-F8	Floortje
P29-F2a	vtupinamba	P35-F9	JLGutierrez
P29-F2b	LauriPatterson	P35-F10	phakimata
P29-F3	skodonnell	P35-F11	chuinhao10
P29-F4a	Vaaka	P36-F1	lucato
P29-F4b	RuthBlack	P36-F2	STEVECOLEccs
P29-F5	RawFile	P36-F3	GeorgeClerk
P29-F6	karandaev	P36-F4	josemoraes
P29-F7	alexsl	P36-F5	shalamov
P29-F8	nycshooter	P36-F6	shalamov
P29-F9	Dan70	P36-F7	pagadesign
P29-F10	GlobalP	P36-F8	molotovcoketail
P30-F1	Okea	P36-F9	grybaz
P30-F2	MAEK123	P37-F1	powerofforever
P30-F3	GlobalP	P37-F2	vdk
P30-F4	bpablo	P37-F3	perkmeup
P30-F5	aristotoo	P37-F4	Alivago
P30-F6	stocksnapper	P37-F5	Lara
P30-F7	penguenstok	P37-F6	Lara
P30-F8	ArtyFree	P37-F7	southpict
P30-F9	bedo	P37-F8	Thomas400D
P31-F1	Koele	P37-F9	vtupinamba
P31-F2	procurator	P37-F10	JLewisPhoto

Código	Autor	Código	Autor
P38-F1	TokenPhoto	P46-F6	lisafx
P38-F2	alekcey	P46-F7	pagadesign
P38-F3	kate_sept2004	P46-F8	antsmarching
P38-F4	busypix	P46-F9	gualbertobecerra
P38-F5	Homiel	P46-F10	jane
P38-F6	firemanYU	P47-F1	pzRomashka
P38-F7	Maica	P47-F2	nem4a
P38-F8	Anetta_R	P47-F3	Skafrica
P38-F9	Bim	P47-F4	yellowsarah
P38-F10	goce	P47-F5	BremecR
P39-F1	nico_blue	P47-F6	mammamaart
P39-F2	stefanphoto	P47-F7	Devonyu
P39-F3	ARICAN	P47-F8	vicnt
P39-F4	cemarkbild	P47-F9	peepo
P39-F5	Ljupco	P48-F1	EricHood
P39-F6	fotandy	P48-F2	GlobalP
P39-F7	sundikova	P48-F3	RTimages
P39-F8	whitemay	P48-F4	Bronwyn8
P39-F9	luismmolina	P48-F5	Juanmonino
P39-F10	shaunl	P48-F6	laflor
P40-F1	riskms	P48-F7	kwanisik
P40-F2	johnwoodcock	P48-F8	NiDerLander
P40-F3	sonyae	P48-F9	RUSSELLTATEdotCOM
P40-F4	GlobalP	P48-F10	KateLeigh
P40-F5	PeterPolak	P49-F1	luoman
P40-F6	RonTech2000	P49-F2	izusek
P40-F7	venturecx	P49-F3	tovfla
P40-F8	vicnt	P49-F4	cthoman
P40-F9	plastic_buddha	P49-F5	Soubrette
P41-F1	agencyby	P49-F6	Floortje
P41-F2	CEFutcher	P49-F7	fcafotodigital
P41-F3	gimbat	P49-F8	ND1939
P41-F4	jeridu	P49-F9	johan63
P41-F5	apletfx	P49-F10	kate_sept2004
P41-F6	Altemar	P49-F11	Michael_Donkin
P41-F7	Altemar	P50-F1	alexkotlov
P41-F8	Ben185	P50-F2	DWlabsInc
P42-F1	PashaIgnatov	P50-F3	Natikka
P42-F2	Yurriy	P50-F4	tanukiphoto
P42-F3a	alexsl	P50-F5	revart
P42-F3b	lisafx	P50-F6	matka_Wariatka
P42-F4	urbancow	P50-F7	Aptyp_koK
P42-F5	malerapaso	P50-F8	MayerKleinostheim
P42-F6	PhotoEuphoria	P50-F9	blindspot
P42-F7	izusek	P50-F10	geotrac
P42-F8	ktaylorg	P51-F1	ZargonDesign
P42-F9	ruisergio	P51-F2a	craftvision
P43-F1	Henrik_L	P51-F2b	Vold77
P43-F2	Wicki58	P51-F3	Imgorthand
P43-F3	Maica	P51-F4	saiko3p
P43-F4	ivanastar	P51-F5	busypix
P43-F5	mevans	P51-F6	bmcent1
P43-F6	skodonnell	P51-F7	yorkfoto
P43-F7	envisionstock	P51-F8	inhauscreative
P43-F8	yasinguneysu	P51-F9	spooh
P43-F9	liubomirt	P52-F1	syagci
P44-F1	klenger	P52-F2	avdeev007
P44-F2	Kobyakov	P52-F3	princessdlaf
P44-F3	JayKay57	P52-F4	erierika
P44-F4	sumos	P52-F5	billyfoto
P44-F5	gbh007	P52-F6	lynnith
P44-F6	parema	P52-F7	amysuem
P44-F7	mikheewnik	P52-F8	Blue_Cutler
P44-F8	alexsl	P53-F1	vincevoigt
P44-F9	Mlenny	P53-F2	Magnascan
P44-F10	Brightrock	P53-F3	hidesy
P45-F1	nimblewit	P53-F4	MasaruHorie
P45-F2	macniak	P53-F5	vandervelden
P45-F3	icefront	P53-F6	fotosmania
P45-F4	fabiofs	P53-F7	jhorrocks
P45-F5	Becart	P53-F8	Mosutatsu
P45-F6	levkr	P53-F9	DNY59
P45-F7	oguzaral	P54-F1	PaulaConnelly
P45-F8	energyy	P54-F2	kysa
P45-F9	monkeybusinessimages	P54-F3	knickohr
P45-F10	LUGO	P54-F4	cobalt
P46-F1	laflor	P54-F5	KristinaShu
P46-F2	hopart	P54-F6	matka_Wariatka
P46-F3	jordifa	P54-F7	skynesher
P46-F4	malerapaso	P54-F8	NLshop
P46-F5	matka_Wariatka	P54-F9	compassandcamera

Code	Name	Code	Name	Code	Name
P54-F10	zaricm	P63-F2	kcline	P71-F6	alexsl
P55-F1	bereta	P63-F3	stocksnapper	P71-F7	alexsl
P55-F2	Eerik	P63-F4	alxpin	P71-F8	Gerville
P55-F3	kristijanh	P63-F5	antonbrand	P71-F9	dimdimich
P55-F4	CEFutcher	P63-F6	Lara	P72-F1	fotogaby
P55-F5	katkov	P63-F7	laflor	P72-F2	melhi
P55-F6	Plus	P63-F8	GlobalP	P72-F3	goce
P55-F7	photka	P63-F9	davisales	P72-F4	kkgas
P55-F8	Coldimages	P63-F10	oliwkowygaj	P72-F5	sharply_done
P55-F9	DonNichols	P64-F1	cteconsulting	P72-F6	tma1
P55-F10	matka_Wariatka	P64-F2	GeorgePeters	P72-F7	Givaga
P56-F1	tacar	P64-F3	LeventKonuk	P72-F8	TPopova
P56-F2	Erevee	P64-F4	dandanian	P73-F1	xxmmxx
P56-F3	PaulToon	P64-F5	sorendls	P73-F2	sefaoncul
P56-F4	GlobalP	P64-F6	MichaelBlackburn	P73-F3	GlobalP
P56-F5	lola_cherry	P64-F7	NanoStockPhoto	P73-F4a	ryasick
P56-F6	sjlocke	P64-F8	viviyan	P73-F4b	Smokeyjo
P56-F7	alexsl	P64-F9	scibak	P73-F5	egal
P56-F8	Barcin	P64-F10	Yuri_Arcurs	P73-F6	macky_ch
P56-F9	marcelopoleze	P65-F1	Altemar	P73-F7	CEFutcher
P57-F1	arcimages	P65-F2	jhorrocks	P73-F8	izusek
P57-F2	egal	P65-F3	lenm	P73-F9	Sjo
P57-F3	Gelpi	P65-F4	ViachaslauKraskouski	P74-F1	NadyaPhoto
P57-F4	Abeleao	P65-F5	monkeybusinessimages	P74-F2	Tomboy2290
P57-F5	Xaviarnau	P65-F6	genesisgraphics	P74-F3	GlobalP
P57-F6	AVTG	P65-F7	marcoregalia	P74-F4	Sergey_Peterman
P57-F7	DonNichols	P65-F8a	lucato	P74-F5	laartist
P57-F8	vuk8691	P65-F8b	lucato	P74-F6	kickstand
P57-F9	ppart	P65-F9	apomares	P74-F7	KeithBishop
P57-F10	Ulga	P66-F1	LEANDRO	P74-F8	Wislander
P57-F11	jgroup	P66-F2	desert_fox99	P75-F1	xLabrador
P57-F12	ajt	P66-F3	CarlssonInc	P75-F2	mangostock
P58-F1	Altemar	P66-F4	clu	P75-F3	creisinger
P58-F2	Baloncici	P66-F5	LARA	P75-F4	godrick
P58-F3	cristi_br	P66-F6	dja65	P75-F5	Bubert
P58-F4a	hidesy	P66-F7	morganl	P75-F6	sampsyseeds
P58-F4b	ivanastar	P66-F8	Yarinca	P75-F7	LUNAMARINA
P58-F5	mrPliskin	P66-F9	GeorgeClerk	P75-F8	BrianAJackson
P58-F6	janrysavy	P66-F10	borchee	P75-F9	soleg
P58-F7	malerapaso	P67-F1	rsfatt	P76-F1	eremm
P58-F8	Kaphoto	P67-F2	Yarinca	P76-F2a	GlobalP
P58-F9	kirza	P67-F3	Nautilus-Krokodilius	P76-F2b	GlobalP
P58-F10	kysa	P67-F4	NitroxElMares	P76-F3	GlobalP
P59-F1	spfoto	P67-F5	pushlama	P76-F4	yenwen
P59-F2	hdagli	P67-F6	Libortom	P76-F5	arekmalang
P59-F3	mikesimages	P67-F7	kaceyb	P76-F6	mubai
P59-F4	narvikk	P67-F8	LuVo	P76-F7	memoangeles
P59-F5	Antagain	P67-F9	FeralMartian	P76-F8	Floortje
P59-F6	VIDOK	P68-F1	pressdigital	P76-F9	alexsl
P59-F7	narvikk	P68-F2a	arlindo71	P77-F1	design56
P59-F8	ZargonDesign	P68-F2b	arlindo71	P77-F2	JodiJacobson
P59-F9	kate_sept2004	P68-F3	podgorsek	P77-F3	Viktar
P60-F1	Ljupco	P68-F4	Garry518	P77-F4	sumnersgraphicsinc
P60-F2	lrochka_T	P68-F5	pastorscott	P77-F5	RobertDupuis
P60-F3	karandaev	P68-F6	Sadeugra	P77-F6	mariusFM77
P60-F4	vnosokin	P68-F7	JamesWhittaker	P77-F7	Devonyu
P60-F5	bluestocking	P68-F8	PaoloFrangiolli	P77-F8	trigga
P60-F6	andsem	P68-F9	Ociacia	P77-F9	compucow
P60-F7	blackestockphoto	P69-F1	ivan-96	P77-F10	malerapaso
P60-F8	fcafotodigital	P69-F2	arenacreative	P77-F11	ziggymaj
P60-F9	stuartbur	P69-F3	KateLeigh	P78-F1	eli_asenova
P61-F1	ARTSUS	P69-F4	hartcreations	P78-F2	filonmar
P61-F2	blamb	P69-F5	ajt	P78-F3	Lansera
P61-F3	mstay	P69-F6	GlobalPGlobalP	P78-F4	LSOphoto
P61-F4	DaddyBit	P69-F7	InfografickInfografick	P78-F5	alexsl
P61-F5	lmo	P69-F8	PicturePartners	P78-F6	baytunc
P61-F6	empire331	P69-F9	GlobalP	P78-F7	GOSPHOTODESIGN
P61-F7	ZhuravlevaMaria	P70-F1	Ammit	P78-F8	Hanis
P61-F8	lucato	P70-F2	alexsl	P78-F9	pamspix
P61-F9	skynesher	P70-F3	TerryJ	P78-F10	shirhan
P62-F1	zaricm	P70-F4	Richmatts	P78-F11	pepifoto
P62-F2	Maya23K	P70-F5	CEFutcher	P79-F1	tacojim
P62-F3	egal	P70-F6	GlobalP	P79-F2	TatianaMironenko
P62-F4	LUGO	P70-F7	arlindo71	P79-F3	Prebranac
P62-F5	arlindo71	P70-F8	wojciech_gajda	P79-F4	hidesy
P62-F6	prill	P70-F9	fotokostic	P79-F5	luiscarlosjimenez
P62-F7	Brasil2	P71-F1	cugiero	P79-F6	Ljupco
P62-F8	mevans	P71-F2	alvarez	P79-F7	DNY59
P62-F9	anatols	P71-F3	Zeffss1	P79-F8	alexsl
P62-F10	Mik122	P71-F4	CEFutcher	P79-F9	Viktar
P63-F1	BrettAtkins	P71-F5	Banannaanna	P80-F1	s_john79

Code	Name	Code	Name	Code	Name
P80-F2	Yasonya	P88-F8	CEFutcher	P97-F3	michellegibson
P80-F3	manley099	P88-F9	stockcam	P97-F4	4x6
P80-F4	fishbgone	P88-F10	jolcia77	P97-F5	SweetyMommy
P80-F5	adventtr	P89-F1	hadynyah	P97-F6	skynesher
P80-F6	Ljupco	P89-F2	oranhall	P97-F7	Ariene
P80-F7	Shypitcyn	P89-F3	Andrew_Howe	P97-F8	Maica
P80-F8	rhjelsand	P89-F4	newphotoservice	P97-F9	zaricm
P80-F9	aimintang	P89-F5	EasyBuy4u	P97-F10	Kemter
P81-F1	CraigRJD	P89-F6	A_nik	P98-F1	Henrik_L
P81-F2	proxyminder	P89-F7	GlobalP	P98-F2	AYakovlev
P81-F3	Norebbo	P89-F8	Tsekhmister	P98-F3	AnnaSumska
P81-F4	ranplett	P89-F9	Slonov	P98-F4	msdnv
P81-F5	muha04	P89-F10	lovleah	P98-F5	hulyaguzel
P81-F6	asiseeit	P89-F11	GlobalP	P98-F6	princesschi
P81-F7	stephane106	P90-F1	SGC	P98-F7	Malven
P81-F8	angelhell	P90-F2	cisale	P98-F8	GiorgioMagini
P81-F9	peterhowell	P90-F3	fredgoldstein	P98-F9	stu99
P81-F10	MarsBars	P90-F4	Kurhan	P98-F10	menturec
P82-F1	insagostudio	P90-F5	simonkr	P99-F1	mstay
P82-F2	anneleven	P90-F6	4loops	P99-F2	hometowncd
P82-F3	JBryson	P90-F7	Gelpi	P99-F3	amlet
P82-F4	Orla	P90-F8	Andrew_Howe	P99-F4	WilliamSherman
P82-F5	Monia33	P90-F9	LeggNet	P99-F5	cecil36
P82-F6	jgroup	P90-F10	LeggNet	P99-F6	hartcreations
P82-F7	shironosov	P90-F11	altiso	P99-F7	surabhi25
P82-F8	Curt_Pickens	P91-F1	DNY59	P99-F8	muratkoc
P82-F9	lisafx	P91-F2	pepifoto	P99-F9	j0sefino
P83-F1	ImagineGolf	P91-F3	fototrav	P100-F1	martinedoucet
P83-F2	zoom-zoom	P91-F4	manapostock	P100-F2	Cryssfotos
P83-F3	Gorpenyuk	P91-F5	jetsetmodels	P100-F3	Joss
P83-F4	LawrenceKarn	P91-F6	PLAINVIEW	P100-F4	Nacelle
P83-F5	PhotographerOlympus	P91-F7	design56	P100-F5	lisafx
P83-F6	withgod	P91-F8	SednevaAnna	P100-F6	redmal
P83-F7	LARA	P91-F9	DOConnell	P100-F7	pryzmat
P83-F8	alexsl	P92-F1	SvetlanaK	P100-F8	GlobalP
P83-F9	dblight	P92-F2	kaczka	P100-F9	gaiamoments
P84-F1	clintscholz	P92-F3	eurobanks	P101-F1	EmiSta
P84-F2	JPStrickler	P92-F4	Jello5700	P101-F2	kwanisik
P84-F3	fr73	P92-F5	sb-borg	P101-F3	kyoshino
P84-F4	3sbworld	P92-F6	akarelias	P101-F4	IuriiSokolov
P84-F5	JBryson	P92-F7	artefy	P101-F5	Maica
P84-F6	mawayn	P92-F8	minimil	P101-F6	Tramont_ana
P84-F7	cgering	P92-F9	dan_c	P101-F7	malerapaso
P84-F8	joruba	P93-F1	AndreasReh	P101-F8	laflor
P84-F9	lavitrei	P93-F2	Ljupco	P101-F9	AnatolyTiplyashin
P85-F1	clairevis	P93-F3	Soldt	P101-F10	Thomas_EyeDesign
P85-F2	Dorling_Kindersley	P93-F4	gbh007	P102-F1	monkeybusinessimage
P85-F3	mechanick	P93-F5	Yasonya	P102-F2	Anyka
P85-F4	LARA	P93-F6	Blue_Cutler	P102-F3	RichVintage
P85-F5	track5	P93-F7	grafart	P102-F4	Andrey_Kuzmin
P85-F6a	ROMAOSLO	P93-F8	GOSPHOTODESIGN	P102-F5	viridian1
P85-F6b	jkitan	P93-F9	clearstockconcepts	P102-F6	TimMcClean
P85-F7	DenisZbukarev	P93-F10	Natikka	P102-F7	mediaphotos
P85-F8	kali9	P94-F1	Coldimages	P102-F8	monkeybusinessimage
P85-F9	McIninch	P94-F2	jeridu	P102-F9	Iguasu
P85-F10	CEFutcher	P94-F3	oleksagrzegorz	P102-F10	energyy
P86-F1	breckeni	P94-F4	PhotoEuphoria	P103-F1	marekuliasz
P86-F2	alexsl	P94-F5	Maica	P103-F2	alphacell
P86-F3	Maica	P94-F6	Bruskov	P103-F3	bmcent1
P86-F4	majana	P94-F7	ivan_7316	P103-F4	Tongshan
P86-F5	lundbergh	P94-F8	antares71	P103-F5	GlobalP
P86-F6	Yuri_Arcurs	P94-F9	Pomidorisgogo	P103-F6	EuToch
P86-F7	3sbworld	P94-F10	CEFutcher	P103-F7	sjlocke
P86-F8	ryasick	P95-F1	vtupinamba	P103-F8	MadInc
P86-F9	ginosphotos	P95-F2	Aradan	P103-F9	LordRunar
P87-F1	ymgerman	P95-F3	lucato	P103-F10a	Thomas400D
P87-F2	IgorDutina	P95-F4	-Mosquito-	P103-F10b	GlobalP
P87-F3	izusek	P95-F5	skalapendra	P104-F1	jaroon
P87-F4	IgorDutina	P95-F6	eAlisa	P104-F2	stepanjezek
P87-F5	hjalmeida	P95-F7	Drbouz	P104-F3	minimil
P87-F6	tiler84	P95-F8	Shypitcyn	P104-F4	matka_Wariatka
P87-F7	IndigoBetta	P95-F9	MrPants	P104-F5	rusm
P87-F8	thejack	P96-F1	icelandr	P104-F6	JohnnyLye
P87-F9	saras66	P96-F2	Tsekhmister	P104-F7	dcdp
P88-F1	GlobalP	P96-F3	-MG-	P104-F8	zaricm
P88-F2	ElementalImaging	P96-F4	ollo	P104-F9	IlonaBudzbon
P88-F3	sqback	P96-F5	gbh007	P105-F1	paulprescott72
P88-F4	Oksanita	P96-F6	lucato	P105-F2	aristotoo
P88-F5	LdF	P96-F7	evemilla	P105-F3	Chris_Elwell
P88-F6	Brainsil	P97-F1	paterne	P105-F4	zeljkosantrac
P88-F7	Dreamframer	P97-F2	Antoniooo	P105-F5	artbyjulie

P105-F6 Maica	P114-F2 brento	P122-F6 khilagan
P105-F7a Anterovium	P114-F3 amphotora	P122-F7 ia_64
P105-F7b felinda	P114-F4 Jeffreyw	P122-F8 turkkol
P105-F8 skeeg	P114-F5 Perkus	P123-F1 AnajaCreatif
P106-F1 JackJelly	P114-F6 pixelmaniak	P123-F2 Altemar
P106-F2 arakonyunus	P114-F7 J-Elgaard	P123-F3 SteveLuker
P106-F3 Altemar	P114-F8 DaydreamsGirl	P123-F4 DaddyBit
P106-F4 drbimages	P114-F9 johnaudrey	P123-F5 3dsguru
P106-F5 LARA	P114-F10 KevinDyer	P123-F6 steauarosie
P106-F6 malerapaso	P115-F1 hidesy	P123-F7 mstay
P106-F7 hidesy	P115-F2 stockcam	P123-F8 fesoj
P106-F8 Caziopeia	P115-F3 ma-k	
P106-F9 Hogogo	P115-F4 DNY59	*Apendices:*
P107-F1 gbh007	P115-F5 Lenorlux	P124-Mapa miniature
P107-F2 Caziopeia	P115-F6 Anetta_R	P124-Bandeira
P107-F3 timsa	P115-F7 gvictoria	presidência.gov.br
P107-F4 tuncaycetin	P115-F8 kate_sept2004	P124-Selo Nacional
P107-F5 choja	P115-F9 Natikka	presidência.gov.br
P107-F6 -AZ-	P116-F1 ia_64	P125-Brasão
P107-F7 anandkrish16	P116-F2 sdominick	presidência.gov.br
P107-F8 Bubert	P116-F3 johnwoodcock	P126-F1 apatrimonio
P107-F9 jamesbenet	P116-F4 PavelZahorec	P127-F1 JBryson
P107-F10 egal	P116-F5 Paha_L	P128-Chá ManuWe
P107-F11 bonniej	P116-F6 cookelma	P129-Peixe ra3rn
P108-F1 procurator	P116-F7 mstay	P129-Manteiga
P108-F2 imagetwo	P116-F8a fotoVoyager	ALEAIMAGE
P108-F3 pagadesign	P116-F8b carlosalvarez	P129-Ovos de codorna
P108-F4 GlobalP	P116-F8c kickers	Floortje
P108-F5 rook76	P116-F9 dr3amer	P129-Leite amphotora
P108-F6 Captainflash	P117-F1 Paha_L	P129-Frango Floortje
P108-F7 RawFile	P117-F2 3dsguru	P130-Futebol Ljupco
P108-F8 redmal	P117-F3 JohnArcher	P130-Tênis 4x6
P108-F9 ZoneCreative	P117-F4 Viktor_Kitaykin	P130-Natação swimnews
P108-F10 SednevaAnna	P117-F5 stevenjfrancis	P130-Paraquedismo jganser
P109-F1 ddraw	P117-F6 MiguelMalo	P130-Vela vuk8691
P109-F2 LARA	P117-F7 Tjanze	P131-Judô Banannaanna
P109-F3 alexsl	P117-F8 egal	P131-Handebol Maica
P109-F4 3bugsmom	P117-F9 cjp	P131-Basquetebol podgorsek
P109-F5 Nekan	P118-F1 artcyclone	P132-Cavalo helovi
P109-F6 yew	P118-F2 THEPALMER	P132-Charrete Luso
P109-F7 dp3010	P118-F3 ranplett	P132-Trem twing
P109-F8 mladn61	P118-F4 ArtisticCaptures	P132-Metrô tr3gi
P109-F9 AnjaRabenstein	P118-F5 Altemar	P132-Motocicleta Dansin
P110-F1 morganl	P118-F6 tomazl	P135-Peixe2 Johannesk
P110-F2 florintt	P118-F7 bonniej	P135-Salamandra empire331
P110-F3 jaroon	P118-F8 FalconScallagrim	P136-Números 3dguru
P110-F4 lovleah	P118-F9 lisafx	P138/139-Sistema Solar
P110-F5 Jamesmcq24	P119-F1 adventtr	NASA/JPL
P110-F6 red_moon_rise	P119-F2 letty17	
P110-F7 MikhailMishchenko	P119-F3 GlobalP	
P110-F8 KenCanning	P119-F4 dem10	
P110-F9 ParkerDeen	P119-F5 Miicha	
P111-F1 rusak	P119-F6 rbv	
P111-F2 MilamPhotos	P119-F7 GlobalP	
P111-F3 procurator	P119-F8 viridian1	
P111-F4 Trout55	P119-F9 Andyworks	
P111-F5 zitramon	P120-F1 NiDerLander	
P111-F6 Vaaka	P120-F2 STEVECOLEccs	
P111-F7 LARA	P120-F3 Angelika	
P111-F8 ermingut	P120-F4 JackF	
P111-F9 amwu	P120-F5 sefaoncul	
P111-F10 lenm	P120-F6 ranplett	
P112-F1 Maica	P120-F7 procurator	
P112-F2 Nautilus-Krokodilius	P120-F8 mind_killaz	
P112-F3 technotr	P120-F9 Mendelewski	
P112-F4 graphixel	P121-F1 gobigpicture	
P112-F5 GlobalP	P121-F2 onepony	
P112-F6 ValentynVolkov	P121-F3 YinYang	
P112-F7 tbphotography	P121-F4 ranplett	
P112-F8 MilosJokic	P121-F5 Freder	
P113-F1 amwu	P121-F6 JBryson	
P113-F2 LuisPortugal	P121-F7 GlobalP	
P113-F3 GlobalP	P121-F8 Art-Y	
P113-F4 gio_banfi	P121-F9 dndavis	
P113-F5 simplytheyu	P121-F10 pukrufus	
P113-F6 Gelpi	P122-F1 lisafx	
P113-F7 sjlocke	P122-F2 forgiss	
P113-F8 Viorika	P122-F3 bluestocking	
P113-F9 Viorika	P122-F4 Gelpi	
P114-F1 MariaPavlova	P122-F5 MaszaS	

Referências

ACADEMIA BRASILEIRA DE LETRAS. *Dicionário ortográfico da língua portuguesa*, in www.academia.org.br consulta em várias datas.

BIDERMAN, Maria Tereza de C. "O dicionário como norma da contemporaneidade", in **Anais do 1º. Encontro Nacional do G. T. de Lexicologia, Lexicografia e Terminologia da ANPOLL. Recife, 1998.**

BORBA, Francisco da Silva. **Organização de dicionário**: uma introdução à lexicografia. São Paulo: Ed. da Unesp, 2003.

BRASIL/MINISTÉRIO DA EDUCAÇÃO. Secretaria de Educação Fundamental. **Acervos complementares**: as áreas do conhecimento nos dois primeiros anos do Ensino Fundamental. Brasília: MEC/SEB, 2009.

_____. Secretaria de Educação Básica. **A criança de 6 anos, a linguagem escrita e o ensino fundamental de nove anos**: orientações para o trabalho com a linguagem escrita em turmas de crianças de seis anos de idade. Belo Horizonte: UFMG/FaE/CEALE, 2009.

_____. Secretaria de Educação Fundamental. **Guia de livros didáticos**: PNLD 2010: letramento e alfabetização/língua portuguesa. Brasília: MEC/SEF, 2009.

_____. Secretaria de Educação Básica. **Dicionários em sala de aula**. Brasília: MEC/SEB, 2006.

_____. Secretaria de Educação Fundamental. **Ensino fundamental de nove anos**: orientações para a inclusão da criança de seis anos de idade. Brasília: FNDE/Estação Gráfica, 2006.

BRASIL/MINISTÉRIO DA EDUCAÇÃO E DO DESPORTO. Secretaria de Educação Fundamental. **Parâmetros curriculares nacionais**. Brasília: MEC/SEF, 1997.

CARVALHO, Orlene L. de S.; BAGNO, Marcos (Orgs.). **Dicionários escolares** – políticas, formas e usos. São Paulo: Parábola, 2011.

FERREIRO, Emilia; TEBEROSKY, Ana. **Psicogênese da língua escrita**. Porto Alegre: Artes Médicas, 1985.

FERREIRO, Emilia. **Passado e presente dos verbos ler e escrever**. São Paulo: Cortez, 2002.

FREIRE, Paulo. **A importância do ato de ler**. São Paulo: Cortez Editora, 1992.

FREIRE, Paulo. **Pedagogia da autonomia**. São Paulo: Paz e Terra, 1996.

GOMES, Patrícia Vieira Nunes. **O processo de aquisição lexical na infância e a metalexicografia do dicionário escolar**. Brasília. Tese de Doutorado. Instituto de Letras da Universidade de Brasília. Brasília, 2007. (Arquivo em PDF, não publicado pela via impressa).

ILARI, Rodolfo. **Introdução ao estudo do léxico** – brincando com as palavras. 2ª. ed. São Paulo: Contexto, 2003.

LERNER, D. **Ler e escrever na escola**: o real, o possível e o necessário. Porto Alegre: Artmed, 2002.

OLIVEIRA, Z. M. R. de. **Educação Infantil**: fundamentos e métodos. São Paulo: Cortez, 2002.

SCARPA, Ester Mirian. "Aquisição da linguagem", in MUSSALIN, Fernanda; BENTES, Anna Christina (Orgs.). **Introdução à linguística 2**. 3ª. ed. São Paulo: Cortez, 2003.

SOARES, Magda. **Letramento**: um tema em três gêneros. Belo Horizonte: Autêntica, 1998.

VIGOTSKI, Lev Sememovich. **A formação social da mente**: o desenvolvimento dos processos psicológicos superiores. São Paulo: Martins Fontes, 1998.

_____. **Pensamento e linguagem**. São Paulo: Martins Fontes, 2005.

WEISZ, T. **O diálogo entre o ensino e a aprendizagem**. São Paulo: Ática, 2002.

Esta obra foi composta em Frutiger, Sasson Primary STD,
Garamond e Memimas.
Foi impressa em papel Couché Chroma 80g/m^2.